Margit Picher

„ Einladung zum persönlichen Erfolg"

D1670609

Zu diesem Buch:

Die Autorin hinterfragt in diesem Buch auf humorvolle Weise außengeleitete Karriereleitbilder und gängige Erfolgspatentrezepte, gesellschaftspolitische und esoterische Ansätze zu diesem Thema. Sie ladet die Leser zur Selbstreflexion ein, um mit den Selbstvereinbarungsübungen einen eigenen Lebensentwurf zu gestalten, eigene Erfolgsmaßstäbe zu setzen, und ermutigt dazu, ein eigenes Rezept sowie Lösungsansätze selbst zu entwickeln ohne sich dabei auf Patentrezepte berufen zu müssen. Selbstwert, das entscheidende Mittel zum persönlichen Erfolg, definiert Margit Picher nicht über erbrachte Leistungen. Er entwickelt sich in ihrem Selbstreflexionsprogramm viel mehr aus dem Bewusstsein, dass wir alle einzigartig sind und aufgerufen, unserer wahren Natur zu folgen. **Die Botschaft lautet: Persönlicher Erfolg sollte nicht zum Ziel werden – er ist die Folge von Dingen, die Sie gerne machen und Sie zutiefst erfüllen. Es hängt nicht davon ab, dass Sie immer bekommen, was Sie wollen, sondern, wie gut Sie nützen, was Sie haben. Ob Topmanager, Künstler oder Hausfrau: jenseits äußerer Wertmaßstäbe, es kommt nur darauf an, dass Sie mit sich selbst und mit Ihrem Leben zufrieden sind!**

In diesem Buch erfahren Sie von Stefanie Werger, wie sie ihre Blockade überwunden hat, worauf es Prof. Udo Jürgens als Künstler ankommt, wie Karlheinz Böhm heute zu seiner Schauspielerkarriere als Sissi-Filmdarsteller steht, welche Werte für ORF-Generaldirektorin Dr. Monika Lindner wichtig sind, wie das Talent von Leo Lukas als Kabarettist entdeckt wurde und wie Dr. Hugo Portisch den Arbeitsmarkt der Zukunft einschätzt. Nicht nur Promis plaudern bei den vielen integrierten Interviews aus ihrem Nähkästchen. Ein Vater verrät Ihnen, wie er aus seiner Karenzzeit für seinen Job profitiert hat, warum eine Mutter von 10 Kindern Nachtschichten einlegen muss, wie ein Heizungstechniker seinen Traum als Skipper und Krimiautor verwirklicht hat, wieso sich ein Pfarrer für Obdachlose einsetzt und wie eine ehemalige alleinerziehende Polizistin ihren Alltag bewältigt hat.

Auszug der Interviewpartner/innen:

Prof. Udo Jürgens, (Musiker, Sänger, Komponist)
Karlheinz Böhm, (Menschen für Menschen)
Dr. Monika Lindner, (ORF-Generaldirektorin)
Stefanie Werger, (Rockpoetin und „Liederatin")
Dr. Hugo Portisch, (Journalist, Publizist, ORF-Sendereihe „Schauplätze der Zukunft")
Dir. Franz Küberl, (Präsident der Caritas Österreich)
Leo Lukas, (Kabarettist, Autor, Komponist, Regisseur)
Angelika Kresch, (Topmanagerin,, Business Woman of the Year 2001)
Miša Strobl, (Unternehmensberater und Karenzvater)
Ing. Walter Fischl, (Vorstandsdirektor ELK)
Mag. Karl-Heinz Snobe, (Landesgeschäftsführer AMS-Steiermark)
Dr. Veronique Gorris, (Medizinerin, Regisseurin, Prof. an der Uni in Quito/Ecuador)
Pfarrer Wolfgang Pucher, (Gründer der Vinzigemeinschaft)
Dr. Michaela Preiner, (Kunsthistorikerin, Unternehmerin)
Josef Franz Pfleger, (Kfz-Mechaniker und körperbehinderter Unternehmer)
Waltraud Knapp, (Hausfrau und Mutter von zehn Kindern)
Birgit Godina, (ehem. alleinerziehende Polizistin, Personalbeauftragte) u. v. a

Margit Picher ist Sozial- und Berufspädagogin, mit langjähriger Wirtschaftspraxis, war Karriereberaterin in einem Projekt von Dr. Othmar Hill in Wien und leitet die Karriere Werkstatt® in Graz als Trainerin und Beraterin zum Audit Beruf & Familie für Unternehmen. Ihre Coaching- und Trainingsfirma Karriere Werkstatt® hat sich auf die Themen "persönlicher Erfolg", "Balance von Berufs- und Privatleben" sowie „frauen- und familienfreundliche Maßnahmen in Unternehmen" spezialisiert. Internet: www.karrierewerkstatt.at

1.digitales Mastering: August 2004
©2004 Karriere Werkstatt®
Lektorat: Hannes Stenng, Graz
Umschlaggestaltung: Christian Hammer, Markus Mayer, Christian
Weithaler (College-Absolventen für Grafik & Kommunikationsdesign
vom Berufsförderungsinstitut & der Wirtschaftskammer-Steiermark) und
RoRo+Zec, Graz (www.roro-zec.at)
Umschlagfotos: mit freundlicher Genehmigung des Pressemanagers
von Udo Jürgens, der Pressemanagerin von Karlheinz Böhm, Dr.
Monika Lindner(ORF)
Buchsatz: Günther Radl, Webline, Graz (www.webline.st)
Cartoons und Gedichte©: Margit Picher, Graz
Herstellung: Books on Demand GmbH, Norderstedt
Printed in Germany
ISBN 3-200-00097-X

Besuchen Sie uns im Internet: www.karrierewerkstatt.at

Margit Picher

„Einladung zum persönlichen Erfolg"

Finden Sie vom Broterwerb
zu Ihrer Berufung & Lebensbalance

KARRIERE WERKSTATT®
Graz
www.karrierewerkstatt.at

Halb leeres & halbvolles Glas

Jetzt ist es zu spät, um
nochmal von ganz vorne
anzufangen! – Mozart!
Raffael! Chopin!
Nicht mal 40 sind die
geworden! Und was die
vollbracht haben!
Und ich .... ?

Wenn ich an Chaplin,
Picasso, Karajan
denke, dann geht's
erst richtig los!
Heute beginnen die
besten Jahre meines
Lebens!

NEUGIERIG GEWORDEN?
Dann lesen Sie im Inhaltsverzeichnis, was
das Buch beinhaltet:

INHALT

4. Beruf & Berufung
Arbeitsmarkt der Zukunft.
Interview Dr. Hugo Portisch, Journalist,Publizist
Unternehmertum versus Verhindertum
Persönliche Berufung jenseits äußerer Wertmaßstäbe
Interview Karlheinz Böhm, Filmstar, Gründer von
„Menschen für Menschen"
Arbeitsmarkt- und Beschäftigungspolitik
Interview Mag. Karl-Heinz Snobe, Landesgeschäftsführer
des Arbeitsmarktservice-Steiermark
Einfluss gesellschaftlichen Wertewandels auf die
Arbeitswelt
Welche Berufswünsche, Träume und Visionen haben
Sie?

5. Laufbahnentwicklung & Laufbahnanalyse
Rückschau Ihrer Laufbahn
Interview Leo Lukas, Kabarettist, Autor, Komponist,
Regisseur
Laufbahnanalyse – Sinn und Muster erkennen

6. Zielfindung & Potenzialanalyse
Interview Prof. Udo Jürgens, Musiker, Sänger,
Komponist
Ihre eigenen Ziele erkennen
Ihre Träume ausgraben und Kreativität entwickeln
Interview Hanns Marzini, Kapitän eines Segelschiffes,
Krimiautor
Interview Stefanie Werger, „Liederatin", Musikerin,
Autorin, Kabarettistin
Potenzialanalyse – Ihre Stärken & Schwächen
Entscheidungsfindung – Zielklarheit gewinnen
Verwirklichung Ihrer Ziele prüfen
Dem Ruf Ihres Herzens folgen

III. UMSETZUNGSSTRATEGIEN
Von der Strategie zur erfolgreichen Umsetzung

1.   Balance von Berufs- & Privatleben
Leben, um zu arbeiten?
Interview Ing. Walter Fischl, Vorstandsdirektor
Frauen- und familienfreundliche Unternehmen
Interview Miša Strobl/Unternehmensberater, Karenzvater
Selbstorganisation – Das Steuer Ihres Lebens in der
Hand haben
Zeitmanagement – Weniger ist mehr
Prioritäten setzen – das Wesentliche erkennen
Zeitkuchen- Ist- und Sollzustandsanalyse
Haushalts- und Kinderbetreuungsteilung
Interview Waltraud Knapp, Hausfrau und Mutter von
zehn Kindern
Interview Birgit Godina, Polizistin, Personalvertreterin
dzt. in Karenz
Stressbewältigungsstrategien
Um Hilfe bitten
Check-up: „Delegationsregeln"
Geistige Flexibilität
Abschied vom Perfektionismus
„Sünden-Tagebuch"
Abgrenzung – „Neinsagen" lernen
Das Leben vereinfachen
Zeit für sich selbst
Sich selbst Gutes tun
Kraftrituale
Innere Balance finden
Zusammenfassung individueller Stressbewältigungsstrategien

2.   Satirische Gebrauchsanweisung zum Misserfolg
Aus Misserfolgen lernen
Interview Dr. Gudrun Gröbelbauer, TV-Journalistin,
Kabarettistin i.R.
Vom Neid zur Entfaltung

Entlarven Sie Ihren inneren Zensor
Umgang mit Versagensängsten
Humor – Lachen ist gesund
Krisen als Chance, Ihr Leben zu ändern
Welche Lernaufgaben und Ziele erkennen Sie in Ihren
Klagen?

3. **Selbstmotivation & Visualisierung**
Selbsterfüllende Prophezeiung
Interview Peter Nausner, selbstständiger
Unternehmensberater, Lehrbeauftragter
Pessimismus versus Zweckoptimismus
Selbsteinschätzung
Klar definierte Ziele
Teilziel-Etappen
Anerkennung und Belohnung
Interview Angelika Kresch, Topmanagerin, Business
Woman of the Year 2001
Freude teilen
Kreatives Visualisieren
Gegenwärtige Realität und zukünftiges Zielbild
Ohnmacht versus Machbarkeitsillusion
Zusammenfassung: Ziele – Teilziele – Belohnungen–
Anerkennungen
Ihr Zielbild visualisieren
Morgen- und Abendfragen

4. **Erfolgsformel & Zielerreichung**
Ihr Weg zum persönlichen Erfolg
Ziele verwirklichen durch Gelassenheit
Interview Dir. Franz Küberl, Präsident der Caritas
Österreich
Annahme bewirkt Veränderung
Interview Dr. Veronique Gorris, Medizinerin, Regisseurin,
Prof. an der Uni Ecuador
Welche Ihrer Stärken können Sie zur Zielerreichung
einsetzen?

Mhh , interessant ...
Aber es gibt ja schon so viel
Erfolgsratgeber-Literatur.
Das meiste klingt ziemlich vertraut.
Was soll da anders sein an diesem Buch?

Im Buchladen

VORWORT

„Einen guten Rat gebe ich immer weiter.
Es ist das Einzige,
was man damit machen kann."

Oscar Wilde

Im New-Age-Dunstkreis ist es schick, Dinge zu sagen wie: „Alles ist Schicksal" oder „Alles ist möglich". Beide Aussagen drücken gegensätzliche Sichtweisen aus, die entweder das halb leere oder das halb volle Glas sehen. Ich denke, beides greift zu kurz, denn es ist vieles möglich, aber eben nicht alles! Und es ist nicht alles Schicksal und determiniert, also vorgeprägt, sondern auch sehr vieles veränderbar. Nehmen Sie Ihr Schicksal selbst in die Hand und achten Sie auch auf Ihre Grenzen der Möglichkeiten. Zum Menschsein gehört beides – Aktivität und Passivität. Menschen gestalten, erwerben, verändern und leisten Widerstand. Aber manchmal ist es besser abzuwarten und auch die Situation anzunehmen, wie sie ist. Der Mensch ist schicksalhaft bestimmt, aber Sie können Ihr Leben auch selbst gestalten. **Entscheidend ist, dass Sie das halb leere UND das halb volle Glas sehen können, und wie Sie mit Ihren Möglichkeiten und Grenzen umgehen.** Die rasch wechselnde Berufswelt und die daran geknüpften Veränderungen im Ausbildungswesen machen es für den Einzelnen sehr schwierig, sich in diesem unüberschaubar gewordenen Angebot an Berufswegen und Möglichkeiten zurechtzufinden.

Ich habe den Eindruck, dass in Zeiten der Globalisierung, steigender Arbeitslosigkeit und im Wandel der traditionellen Familienformen die Sehnsucht nach handfesten, außengeleiteten Patentrezepten immer größer wird. Bedenken Sie, dass Patentrezepte nicht funktionieren können, da sie nicht auf Ihre persönliche Situation abgestimmt sind. Was können Sie auf der Suche nach persönlichem Erfolg, bei der Disharmonie zwischen Wünschen, Bedürfnissen, Fähigkeiten, Möglichkeiten einerseits und Bedingungen, Anforderungen, Beziehungsgeflechten und Umweltveränderungen anderseits tun? Nicht nur die Fülle von Informationen, sondern erst das Bewusstsein über Ihre eigenen Werte, persönlichen bzw. fachlichen Stärken und Schwächen, Interessen und Abneigungen sowie Möglichkeiten und Grenzen ermöglicht Ihnen eine persönliche Standortbestimmung und gezielte Lebens- und Karriereplanung. Wissen Sie über sich selbst Bescheid, nehmen Sie Ihre innere Stimme, Ihre Wünsche und Ihre Talente ernst, so gewinnen Sie persönliche Sicherheit und Orientierung!

„Rezepte" dürfen Sie keine erwarten. Manche Inhalte könnten Ihnen auf den ersten Blick als widersprüchlich erscheinen. Aber das Leben und Menschen sind komplex und nicht mit einfachen Antworten abzuhandeln. Ich erhebe nicht den Anspruch, dass meine Sicht der Dinge „richtig" sei und als allgemein gültige Wahrheiten gesehen werden sollten. Ganz im Gegenteil: Lassen Sie sich nichts einreden, setzen Sie Ihre eigenen Maßstäbe. Es war meine Absicht, unterschiedliche Gegenpole darzustellen. Sehen Sie meine inhaltlichen Sichtweisen, Cartoons und Gedichte sowie die interessanten Statements meiner teilweise prominenten Interviewpartner/innen und Individualisten wie z.B. von ORF-Generaldirektorin Dr. Monika

Lindner, Karlheinz Böhm (Menschen für Menschen), Dr. Hugo Portisch (aus der ORF-Sendereihe „Schauplätze der Zukunft") oder Dir. Franz Küberl (Caritaspräsident), Stefanie Werger und Prof. Udo Jürgens sowie vieler Topmanager, Unternehmer/innen, Frauen und Männer als vielfältige Impulse und als Anregungen. Nicht um Ihnen zu zeigen, wie es meine prominenten Interviewpartner/innen geschafft haben und Sie ihnen folgen sollten. Sondern vielmehr, um Ihnen Mut zu machen Ihren eigenen Träumen nachzuspüren und Ihren eigenen Weg zu gehen. Um zu demonstrieren, dass auch die Promis nur mit Wasser kochen und sie auch ihre Rückschläge und lehrreichen Erfahrungen hatten, die sie Ihnen in diesem Buch verraten.

Haben Sie die leeren Versprechungen der gängigen Ratgeberliteratur satt? Ich verspreche Ihnen hier nichts Unhaltbares („rich, beautiful and happy in ten days"), sondern ich lade Sie mit meinem gedanklichen Modell ein, mit mir auf „die Reise" zu gehen, auf der Sie sich auf sich selbst besinnen, um sich über sich selbst, zu Ihrer eigenen persönlichen Lebens- und Berufssituation Gedanken zu machen. **Ich zeige Ihnen auf diesen inneren Reiserouten, wie Sie Ihre eigene, individuelle Landkarte zum „persönlichen Erfolg" erarbeiten, Ihre eigenen Maßstäbe setzen und umsetzen können, ohne sich dabei auf Patentrezepte berufen zu müssen.**
Dieses Modell stützt sich primär auf Naturgesetzmäßigkeiten. Damit werden vielfältige Methoden sowie praktische und persönliche Selbstvereinbarungsübungen, unkonventionelle Sichtweisen und

meine langjährigen Erfahrungen als Persönlichkeitstrainerin und Karriereberaterin verknüpft.

Ziel dieses Buches ist es, zu mehr Wissen um sich selbst, Sinnfindung, Zielklarheit und Selbstvertrauen zu gelangen, um Ihre eigenen Erfolgsmaßstäbe zu setzen, und Sie mit diesem Rüstzeug Ihrem persönlichen Erfolg näher zu bringen. Ich bediene mich eines „Karriere-Erfolgsleitbildes", das nicht jenen gängigen Erfolg meint, den wir in unserer Leistungsgesellschaft verstehen.

PERSÖNLICHER ERFOLG IST DAS, WAS FOLGT, WENN SIE DEM RUF IHRES HERZENS FOLGEN!

Die Qualität des Lebens steht immer im Verhältnis zu der Fähigkeit, Freude zu empfinden. Die Fähigkeit, Freude zu empfinden, bewirkt Zufriedenheit und ist das Geschenk, das Sie erhalten, wenn Sie dem Ruf Ihres Herzens folgen. **Persönlicher Erfolg hängt nicht davon ab, dass Sie immer bekommen, was Sie wollen, sondern, wie gut Sie nützen, was Sie haben. Persönlicher Erfolg sollte nicht zum Ziel werden - es ist die Folge von Dingen, die Sie gerne machen und Sie zutiefst erfüllen! Ob Topmanager, Künstler oder Hausfrau, jenseits äußerer Wertmaßstäbe: Beim persönlichen Erfolg kommt es nur darauf an, dass Sie mit sich selbst und mit Ihrem Leben zufrieden sind! Oder mit anderen Worten: Lieber Sein als Schein, mit ganz viel Schwein!**

KEINE PATENTREZEPTE,
sondern ...

I. EINLEITUNG
Von der klassischen Karrierelaufbahn zum persönlichen Erfolg

Der chassidische Rabbi Susya sagte kurz vor seinem Tode: „Wenn ich in den Himmel komme, werden sie mich nicht fragen: Warum warst du nicht Moses? Sondern sie werden fragen: Warum warst du nicht Susya? Warum wurdest du nicht, was nur du werden konntest?"

Schon während meiner Ausbildung zur Sozial- und Berufspädagogin wusste ich intuitiv, dass ich eines Tages ein Buch schreiben werde. Es begann damit, dass ich das Bedürfnis hatte, meine Erfahrungen als Karriereberaterin und Persönlichkeitstrainerin zu reflektieren und zu dokumentieren. Ich schrieb jahrelang an diesen Notizen und sammelte permanent Informationsmaterial, das diese Inhalte ergänzten. Dann sprach mich eines Tages eine Kundin an und fragte mich, wann ich einmal ein Buch über meine Arbeit und meine Erfahrungen schreiben würde. So wurde aus diesen schriftlichen Reflexionen die reale Idee geboren, daraus ein Buchmanuskript zu kreieren. Immer wieder fiel mir in kritischer Weise auf, dass es in den Buchhandlungen primär Bücher gab, in denen außengeleitete, klassische Karrierelaufbahnen und Erfolgspatentrezepte vermittelt wurden. Oder aber Bücher, welche primär auf abgehobenen esoterischen Methoden beruhen. Methoden, die dem Leser auf subtile Weise suggerieren, dass alles möglich ist, wenn man nur will. Wenn er jedoch die Methoden nicht umsetzen kann, dann kann es nur an ihm selbst liegen. Damit können, wenn auch unbeabsichtigt, Versagensgefühle ausgelöst oder verstärkt werden.

Es wurde mir zum persönlichen Anliegen, ein Buch zu schreiben, in dem keine außengeleiteten, esoterischen Patentrezepte verschrieben werden, die den Leser dazu verleiten könnten, die Eigenverantwortung wie einen Mantel an der Garderobe abzugeben. Es war mir wichtig, Menschen in unserer reizüberfluteten Zeit einzuladen und zu ermutigen, ihre kritische Wahrnehmungsfähigkeit zu schärfen, wieder auf ihre innere Stimme zu hören und die individuellen Ziele auf ihre persönlichen

Werte abzustimmen. Aber auch auf ihre Lebensqualität zu achten, insbesondere was ihre Lebensplanung betrifft. Ob mir dieser Anspruch gelungen ist, beurteilen Sie selbst.

Die Inhalte sind so aufgebaut, dass Sie die Möglichkeit haben, sich selbst auf die Schliche zu kommen, welche Lebensträume Sie vielleicht bereits verschüttet haben. Anhand der Fragebögen und Selbstvereinbarungen können Sie Ihre eigene Persönlichkeit und Lebenssituation untersuchen. Sie werden Ihnen helfen herauszufinden, wie zufrieden Sie mit Ihrem Beruf und Ihrem Leben sind, wie gut Sie beides integrieren können. Ich möchte Sie in jedem Kapitel mit den Reflexionen, die Sie sich selbst erarbeiten können, einladen, aber manches Mal auch dazu provozieren, Ihren innersten Bedürfnissen und Träumen wieder auf die Spur zu kommen und sich auf sich selbst zu besinnen. Ich habe mit vielen Menschen zu tun gehabt, die erst in einer Beratung wieder entdeckt haben, dass sie nicht ihr eigenes Leben führen. Sondern jenes, das sie glaubten, das sie leben sollten oder müssten. Manchen ist es einfach abhanden gekommen, ihr eigenes Leben zu führen, weil sie so in einem Alltagsrad gefangen waren, überhäuft von Stress in der Arbeit oder im Privatleben, sodass sie sich gar keine Gedanken mehr darüber machten, ob sie etwas verändern wollen. Oder aber Menschen, die in einem Familiensystem aufgewachsen sind, in dem bestimmte Lebensnormen über mehrere Generationen hinaus übernommen wurden, ohne diese zu hinterfragen, ob jene Normen, die sie lebten, für sie selbst noch Relevanz haben. Eines ist diesen Menschen gemeinsam: Sie spüren ein Unbehagen, das schwer zu beschreiben ist. Dieses Unbehagen ist eine Chance. Es zählt zu jener inneren Stimme, die gehört werden will, um dem Lustprinzip zu folgen, dem, was Ihnen Freude bereitet, Ihnen gut tut und Sie wieder auf Ihre Spur, Ihre eigene Lebensspur, führt.

Die individuellen Wege zum persönlichen Erfolg sind so verschieden, wie es auch Menschen sind. Mit den nachfolgenden Selbstvereinbarungsübungen geben Sie sich die Chance, Ihre Einzigartigkeit zu entdecken und diese Unterschiede

zum Leuchten zu bringen. Nutzen Sie diese für eine aktive Lebensgestaltung in dem Bewusstsein, dass nur Sie Ihre ganz persönlichen Qualitäten, Potenziale und Talente in Ihrer Einzigartigkeit auf Ihre ganz persönliche Weise besitzen!

Jeder Einzelne von uns ist so einzigartig, wie sein Fingerabdruck. Jeder trägt die Anlagen zum „persönlichen Erfolg" in sich, es gilt diese „inneren Schätze" zuzulassen, diese zu erkennen und sie zu nutzen. Entscheidend dabei ist, Ihrer inneren Stimme genügend Raum zu geben, Ziele nach Ihren inneren Werten, Wünschen und Talenten auszurichten und darauf zu vertrauen, dass sich alles nach Ihren innersten Bedürfnissen entwickelt.

Finden Sie Ihren roten Faden,
werden Sie zum Anwalt Ihrer Werte
und zum Gärtner Ihres Lebens!

„FOLGEN SIE DEM RUF IHRES HERZENS, SIND SIE IHREM PERSÖNLICHEN ERFOLG AUF DER SPUR!"

Dieses Buch ist keine „Fast-Food-Lektüre", sondern beginnen Sie es erst zu lesen und zu bearbeiten, wenn Sie für sich entschieden haben, in Ruhe die folgende Einstiegsübung machen zu können und zu wollen. Gönnen Sie sich in unserer schnelllebigen Epoche den Luxus, sich Zeit für sich selbst zu reservieren, um mit diesem Buch Ihren eigentlichen, individuellen Lebensentwurf zu erstellen. **Damit geben Sie sich selbst die Möglichkeit, den Weg zu entdecken und zu gehen, den nur Sie selbst gehen können. Und die Chance, der zu sein, der nur Sie selbst sein können. Das ist das größte Geschenk, das Sie sich selbst machen können!**

Die Feinheiten machen den
WESENTLICHEN Unterschied!!!

„Ablenkung ist gut,
aber zu sich kommen ist besser."

1. ÜBUNG ZUM EINSTIMMEN

Ich lade Sie ein, es sich ganz gemütlich zu machen und möglichst frei von störenden Einflüssen, Ihr Handy abzuschalten, vielleicht eine angenehme Musik aufzulegen und sich mit der folgenden Übung zur Einstimmung auf den Inhalt einzulassen, um sich folgende Geschichte „anzuhören".

In den USA wurde ein Indianerhäuptling zu einem Kongress ein-
geladen, um einen Vortrag über Erfolgsmethoden abzuhalten.
Die Delegierten des Kongresses holten den Indianerhäuptling
vom Flughafen ab und waren sehr in Hektik, weil der Kongress
bald beginnen würde. Dieser saß aber ganz gelassen in sich
selbst versunken an einem Bordsteinrand des Flughafens, was
die Amerikaner etwas irritierte. Sie fragten ihn, der noch immer
keine Regung zeigte, unter Zeitdruck, ob er gut angekommen sei.
Da antwortete der Indianerhäuptling:" Mein Körper ist bereits an-
gekommen, aber ich warte noch auf meine Seele und meinen
Geist - die kommen erst mit dem nächsten Flugzeug!"

Wie oft sitzen Sie in einer Besprechung oder an Ihrem Arbeits-platz, sind zwar physisch anwesend, aber mit Ihren Gefühlen und Gedanken noch ganz woanders, vielleicht beim Streit mit dem Partner heute Morgen oder bei den Sorgen mit den Kindern oder aber auch bei schöneren Gedanken? Sie sind dadurch innerlich zerrissen und brauchen mehr an Energien für die Dinge, die Sie tun. **Entscheidend ist, im gegenwärtigen Augenblick „voll da"**
zu sein, um die Energien zu bündeln, auf diese Weise geht alles,
was Sie tun, viel leichter von der Hand.
Mit folgender Übung haben Sie die Möglichkeit, sich voll und

ganz auf den gegenwärtigen Augenblick einzulassen. Entspannen Sie sich, indem Sie sich bequem hinsetzen oder hinlegen, und schließen Sie dann die Augen. Konzentrieren Sie sich auf Ihre Atmung, die sie einfach kommen und gehen lassen. Dann wandern Sie jetzt gedanklich zu dem Augenblick zurück, an dem Sie heute Morgen erwacht sind. Wie war Ihr Gefühl? Hatten Sie einen Traum? Was haben Sie alles nach dem Aufstehen getan? Gehen Sie alles im Zeitraffer gedanklich noch einmal durch bis zu dem gegenwärtigen Augenblick. Lassen Sie Ihren Tag noch einmal Revue passieren. Und wenn Sie sich alles noch einmal vorgestellt haben, öffnen Sie wieder in Ihrem eigenen Tempo die Augen, da sich das Buch mit geschlossenen Augen schwer weiterlesen lässt. Sie haben diese Übung zum Einstimmen gemacht. Nun ist die Wahrscheinlichkeit sehr hoch, dass Sie sich nicht durch emotionale oder gedankliche Energien ablenken lassen. Ich wünsche Ihnen beim Lesen, Einlassen und Durcharbeiten dieses Buches viel Freude!

II. ANALYSE

Das Wissen um sich selbst

„Unser Selbstwert ist gegeben
durch unser Sein."
N.N.

1. SELBSTBILD & SELBSTWERT

Selbstbild

Ihr Selbstwert wird stark von Ihrem Selbstbild geprägt und beeinflusst Ihr Denken, Fühlen, Erleben und Verhalten. Ein grundsätzlich positives Selbstbild und ein intaktes Selbstwertgefühl tragen wesentlich zu Wohlbefinden, Glück, Zufriedenheit und persönlichem Erfolg bei; einseitig negative Selbstbilder und ein schwaches Selbstwertgefühl hingegen führen zu Unzufriedenheit und Unbehagen, man fühlt sich nicht wohl in seiner Haut.

Trotz aktuellster Erziehungsstile in unserer Kultur scheinen oft bescheidene Menschen, die perermanent ihr „Licht unter den Scheffel stellen", als sympathisch. Dabei wird vergessen, dass es sich oft um Personen mit einem geringen Selbstwertgefühl handelt. Während diejenigen, die von sich selbst überzeugt sind, geschweige denn ihre Selbstliebe offen zum Ausdruck bringen, oftmals als „eingebildet und egoistisch" gelten. Beides kann sich zu stereotypen Extremen entwickeln. Es spricht für sich, wenn man über jene Menschen sagt: „Der kommt sich gut vor!" Aber was ist denn verwerflich daran, sich gut vorzukommen? Wieso sollten wir uns schlecht vorkommen? Es fühlen sich viele gerade von jenen Menschen mit einem hohen Maß an Selbstwertgefühl, die authentisch leben und mit sich selbst und ihrem Leben zufrieden sind, magisch angezogen.

Ist es nicht purer Egoismus, nach dem persönlichen Erfolg zu jagen? Im Gegenteil: Vorausgesetzt, es ist Ihnen möglich, dass Sie Ihren Wert nicht primär aus Leistungen , sondern aus Ihrem Selbstwert (Ihrem Sein) beziehen und mit Ihrem persönlichen Erfolg zufrieden sind. Untersuchungen haben gezeigt, dass zufriedene Menschen versöhnlicher und liebevoller sind als Unzufriedene. Sie sind kreativer, flexibler und kommen mit den alltäglichen Herausforderungen viel besser zurecht. Sie legen mehr Offenheit an den Tag und sind eher bereit, anderen zu helfen. Die Unzufriedenen hingegen verhalten sich wesentlich selbstbezogener. Sie kapseln sich ab und reagieren eher feindselig. Was also sollte falsch daran sein, wenn jeder versucht, glücklich und zufrieden zu sein?

Interview Josef Franz Pfleger, Kfz-Mechaniker, Unternehmer/ Autohaus Schrank „Steirer des Jahres 2001", verheiratet, keine Kinder

„Ich bin ohne Arme auf die Welt gekommen und mache alles, was andere Menschen mit den Händen zu tun gewohnt sind mit meinen Füßen – Schreiben, Telefonieren, Rauchen und sogar Auto fahren. Als Kind hatte ich keine Schwierigkeiten, das begann erst in der Pubertät. Da war es schwierig, die Intoleranz einiger Leute zu verkraften. Dann als ich eine höhere Schule besuchte, war ich massivem Mobbing einer Lehrkraft ausgesetzt. Das hat mir schwer zugesetzt! Einige trauen mir nichts zu. Ich weiß bis heute nicht, wieso manche Menschen so schwer mit meiner Körperhinderung umgehen können. Besonders meine Familie und gute Freunde halfen mir in dieser Zeit, mein Leben zu meistern. Die Frage nach dem ‚Warum' stelle ich mir schon lange nicht mehr. Ich musste mich daran gewöhnen, dass mich die einen mit herabwürdigenden Blicken unverschämt anstarren oder andere verlegen wegschauen. Trotzdem, oder vielleicht gerade deswegen habe ich ein starkes Selbstbewusstsein entwickelt. Mein Selbstbild unterscheidet sich völlig von dem, wie mich andere sehen, die mich noch nicht kennen. Ich bin eigenständig, sehr flexibel und kann sehr gut auf andere Menschen eingehen. Im Betrieb meines Vaters habe ich nach einer abgeschlossenen Kfz-Mechaniker-Lehre das Unternehmertraining absolviert. Nun bin ich zur Unternehmerprüfung angetreten und habe auch diese Hürde gut hinter mich gebracht. Ein Traum den ich schon lange verwirklichen will, wäre zum Beispiel der Einstieg des Unternehmens in den Motorsport. Für die Umsetzung einer Autoproduktion in diesem Segment gibt es in Österreich zu viele Auflagen. Vielleicht werde ich deshalb mit meiner Frau eines Tages nach Italien gehen, um diesen gemeinsamen Traum von uns zu verwirklichen. Nur weil der elterliche Betrieb schon seit Generationen weitergereicht wurde, fühle ich mich nicht verpflichtet in die Fußstapfen meines Vaters treten zu müssen."

Die Begegnung mit Josef Pfleger war für mich eine der beeindruckendsten, die ich bisher erlebt habe. Er strahlte eine Selbstsicherheit und Eigenständigkeit aus, die mich keine Sekunde daran zweifeln ließ, ob ich in seinem Auto mitfahren sollte, um das Interview in einem Cafe zu machen. Mit welcher Selbstverständlichkeit er beim Autolenken seine Füße verwendete und später im Cafe seinen Fuß wie eine Hand einsetzte, um damit seiner Frau die Hand zu halten, zu rauchen oder damit zu gestikulieren brachte mich ins Staunen.

Dass sich sein Selbstbild völlig von dem unterscheidet, wie ihn andere Menschen sehen, kommt nicht von ungefähr. Trauen wir körperbehinderten Menschen etwas zu? Empfinden wir Mitleid ohne darüber nachzudenken, ob das überhaupt sinnvoll ist? Wieso haben wir Berührungsängste? Um zu wissen was man will, muss man erst einmal wissen wer man ist. Ein klares Selbstbild zu haben, jenseits dessen, wie uns andere Menschen sehen, ist ein wichtiger Baustein auf dem Weg zum persönlichen Erfolg.

- **Welches Selbstbild habe ich? Wie sehe ich mich selbst?**

....

....

„Unsere tiefste Angst ist es nicht,
ungenügend zu sein.
Unsere tiefste Angst ist es,
dass wir über alle Maßen kraftvoll sind.
Es ist unser Licht, nicht unsere Dunkelheit,
was wir am meisten fürchten.
Wir fragen uns, wer bin ich denn,
um von mir zu glauben, dass ich brillant,
großartig, begabt und einzigartig bin?
Aber genau darum geht es,
warum solltest du es nicht sein?
Du bist ein Kind Gottes.

Dich klein zu machen nützt der Welt nicht.
Es zeugt nicht von Erleuchtung, sich zurückzunehmen,
nur damit sich andere Menschen um dich herum
nicht verunsichert fühlen.
Wir sind alle aufgefordert, um die Herrlichkeit Gottes,
die in uns allen liegt, auf die Welt zu bringen.
Sie ist nicht in einigen von uns,
sie ist in jedem.
Und indem wir unser Licht scheinen lassen,
geben wir anderen Menschen unbewusst die Erlaubnis,
das Gleiche zu tun.
Wenn wir von unserer eigenen Angst befreit sind,
befreit unser Dasein automatisch die anderen."
Nelson Mandela

Selbstwert

Auf- und Abwertungen der eigenen Person finden häufig durch
einen Vergleich mit anderen Menschen statt. Die einen verbringen ihr Leben im Schattendasein ihrer Möglichkeiten durch die
permanente Abwertung ihres Eigenwertes und unterschätzen
Ihre eigenen Fähigkeiten. Die anderen laufen oftmals mit Stelzen
herum und sehen von oben auf andere herab.
Zwei extreme psychische Zustände in einer Person kennt man in
der Psychoanalyse unter der Bezeichnung der manisch-depressiven Persönlichkeit.
Alice Miller schrieb in ihrem ausgezeichneten Buch „Das Drama
des begabten Kindes" (welches ich als Pflichtlektüre für Menschen empfehle, die sich mit ihrer Kindheit auseinander setzen
möchten) über eine Feldstudie aus Chestnut Lodge, in der die familiäre Umwelt von zwölf manisch-depressiven Persönlichkeiten
untersucht wurde. „Alle Patienten stammten aus Familien, die sich
sozial isoliert und in ihrer Umgebung wenig geachtet vorkamen.
Sie setzten daher alles ein, um durch Konformität und besondere
Leistungen ihr Prestige bei den Nachbarn zu erhöhen. In diesem
Streben wurde dem später erkrankenden Kind eine besondere
Rolle zugedacht. Es hatte die Familienehre zu garantieren und

wurde nur insoweit geliebt, als es, kraft besonderer Fähigkeiten, Begabungen, seiner Schönheit etc., in der Lage war, die familiären Idealforderungen zu erfüllen. Wenn es dabei versagte, wurde es mit der Gewissheit bestraft, tiefe Schande über seine Leute gebracht zu haben." Die tragische Verknüpfung von Bewunderung und Liebe ist für den Grandiosen nicht zu trennen. Im Wiederholungszwang sucht er unentwegt die Bewunderung, die ihm doch nie genügt, weil Bewunderung das Selbstwertgefühl nicht sättigt. **Sie ist eine Ersatzbefriedigung für das unbewusst gebliebene primäre Bedürfnis nach Liebe, Achtung, Verständnis, Ernstgenommenwerden.** Erst durch diese abgedeckten Primärbedürfnisse vermittelt man dem Kind ein gesundes Selbstwertgefühl. Muss ein Mensch, der ständig auf Stelzen läuft, nicht dauernd auf diejenigen neidisch sein, die beim Laufen ihre eigenen Beine gebrauchen, auch wenn ihm diese Menschen kleiner und „mittelmäßiger" vorkommen, als er selbst? Und muss er nicht eine aufgestaute Wut in sich tragen gegen die, die ihn dazu gebracht haben, dass er ohne Stelzen nicht zu gehen wagt? Im Grunde wird der Gesunde beneidet, weil er sich nicht ununterbrochen anstrengen muss, die Bewunderung zu verdienen, weil er nichts tun muss, um so zu wirken, sondern sich die Ruhe erlauben kann, „durchschnittlich" zu sein.

Der grandiose Mensch ist nie wirklich frei, weil er von Bewunderung der anderen abhängig ist und seine Selbstachtung von Eigenschaften, Funktionen und Leistungen abhängt, die plötzlich zusammenbrechen können. Die Kombination der phasenhaften Ablösung zwischen Grandiosität und Depression ist bei vielen Menschen anzutreffen. Es handelt sich um zwei Seiten der gleichen Medaille, die man als falsches Selbst bezeichnen könnte und die tatsächlich einmal für Leistungen verliehen worden ist. So kann sich z. B. ein Schauspieler am Abend des Erfolges in den Augen des begeisterten Publikums spiegeln und Gefühle von Größe und Allmacht erleben. Und doch können am nächsten Morgen Gefühle von Leere, Sinnlosigkeit, ja sogar Scham und Ärger auftreten, wenn das Glück am Vorabend nicht nur der kreativen Tätigkeit des Spielens, des Ausdrucks, sondern vorwiegend in der Ersatzbefriedigung des alten Bedürfnisses nach Echo, Spiegelung, Gesehen- und Verstandenwerden wurzelt. Ist seine Kreativität von diesen Bedürfnissen relativ frei, so wird unser Schauspieler am nächsten Morgen keine Depression haben, sondern sich lebendig fühlen und schon mit anderen Inhalten beschäftigt sein. Diente aber der Erfolg am Vortag der Verleugnung der kindlichen Frustration, so bringt er - wie jeder Ersatz – nur eine momentane Stillung. Eine wirkliche Sättigung kann es ja nicht mehr geben, denn ihre Zeit ist unwiderruflich verpasst. Das damalige Kind gibt es nicht mehr, auch die damaligen Eltern nicht. Die jetzigen – falls noch am Leben – sind inzwischen alt und abhängig geworden, üben über den Sohn keine Gewalt mehr aus, freuen sich über seine Erfolge und seine seltenen Besuche. In der Gegenwart gibt es Erfolg und Anerkennung, aber diese können nicht mehr sein, als sie sind, sie können das alte Loch nicht ausfüllen. Die alte Wunde kann nicht heilen, solange sie in der Illusion, d. h. im Rausch des äußerlichen Erfolges, verleugnet wird.

Die Depression führt in die Nähe der Wunde, aber erst die Trauer über das Vermisste, das in der entscheidenden Zeit Vermisste, führt zur wirklichen Vernarbung.

Theodor Roethke sagte: "In dunklen Zeiten beginnt das Auge zu sehen." Gerade dann, wenn wir uns total leer, nutzlos und bar jeder Hoffnung fühlen, ist oft etwas tief in uns am Keimen.

Persönlicher Erfolg kann nur daran gemessen werden, wie zufrieden Sie mit sich selbst und Ihrem Leben sind. Es ist leichter zufrieden zu sein, wenn Sie Ihren Selbstwert aufbauen. So oft richten wir unsere Gedanken darauf, was wir verändern, wie wir an uns arbeiten, wie wir unsere Charaktermängel beheben wollen. Darin liegt unausgesprochen die Vorstellung, dass wir mangelhafte Wesen sind. Doch was, wenn es gar keine Fehler sind? Was, wenn unsere Mängel nur Macken und Eigenarten und gar keine Verwerfungslinien sind? Was wenn wir auch dann akzeptabel sind, wenn es uns schwer fällt, uns selbst zu akzeptieren?

„Niemand kann dich ohne dein Einverständnis
dazu bringen, dich minderwertig zu fühlen."
(Eleanor Roosevelt)

Tatsache ist, wir alle sind liebenswert! Jenseits dessen, wie Sie aussehen, woher Sie kommen, was Sie können oder nicht können, was Sie tun oder unterlassen. Jenseits dessen, ob Sie besser oder schlechter sind als andere - Sie sind um Ihrer selbst willen liebenswert! Das heißt, dass Sie Ihren Selbstwert nicht an besonderen Eigenschaften, äußeren Handlungen und Gegebenheiten festzumachen brauchen, sondern einfach, weil Sie so sind, wie Sie sind! Das heißt nicht, dass alle Handlungsweisen zu bejahen und gut sind, aber der Selbstwert des Wesens ist nicht abhängig vom Verhalten.

Das sollten vor allem „Kinderverziehungsberechtigte " beachten. Wenn ich an meine Kindheit und Jugendzeit denke, so komme ich zur Erkenntnis, dass mich jene Eigenschaften in meinem Leben am meisten weitergebracht haben, die erfolglos versucht wurden mir auszutreiben! Ein Kind, das sich sozusagen „schlecht" benommen hat, ist deshalb noch lange nicht schlecht. „Verziehungsberechtigte" sollten diese Bewertungen nicht auf das Wesen des Kindes, sondern lediglich auf das Verhalten beziehen. Und das Verhalten kann man ändern. Unser Selbstwert ist gegeben durch unser Sein!

Botschaf(f)t

Du bringst es nicht– sei perfekt!
Du musst etwas Besonderes sein!
Du darfst nicht ruh`n!
Rastloses Suchen – gehetzt von mir selbst.
„Erfolg" – kann mich nicht daran freuen,
hab schon den nächsten im Visier.
Leistung ist gefragt auf dem Weg zum Ziel.
Und ICH bleib auf der Strecke.

Was Sie leisten, das vergeht, was Sie in Liebe tun, besteht!
Paul von Heyse wusste , dass Ehrgeiz nur eine besondere Form der Menschensehnsucht nach Glück ist. Ich habe in meiner Arbeit

mit Menschen die Erfahrung gemacht, dass es sich für viele als ungewohnt und als befremdend anfühlen kann, sich nicht primär über erbrachte Leistungen zu definieren. Es entspricht unserer Leistungsgesellschaft, dass der Selbstwert eines Menschen von Leistungen und Handlungen abgeleitet wird! Sie haben jedoch die Wahl, sich davon zu befreien!

Als ich mit meinem Sohn des Öfteren in einer Elternberatungsstelle war, habe ich es immer als befremdend empfunden, wenn Eltern ihre Sprösslinge wie Trophäen miteinander verglichen haben. Schläft das Baby schon durch? Kann er schon sprechen oder gehen? Der Druck unserer Leistungsgesellschaft war deutlich spürbar und der Trend zum Konformismus machte sich auch da bemerkbar, aus Sorge, ob das eigene Kind wohl mithalten könne. Aber haben Sie im 21. Jahrhundert jemals einen erwachsenen Homo sapiens krabbeln gesehen, weil er zu spät begonnen hat aufrecht zu gehen? Jeder sollte die Möglichkeit haben, sich in seinem eigenen Tempo zu entwickeln.

Der Glaube an die Macht der Leistung ist das Credo der westlichen Industriegesellschaft. Leistung ist einer der ersten Schritte ins Leben. Ihr Prinzip versteht jedes Kind, sobald es zum ersten Mal alleine ein paar Schritte gehen kann. Und die Familie jubelt und lobt. Die Lektion reicht fürs ganze Leben: Suche dir ein Ziel. Erreiche es ohne fremde Hilfe. Pfeife auf Rückschläge und sei stolz, wenn du es geschafft hast. Wer nach dem Gehen gelernt hat, einfach nur gerne seine Kräfte zu erproben um Spaß an der eigenen Leistung zu haben, ist „aus eigenem Antrieb motiviert" und hat gute Chancen, mit sich glücklich zu werden. Wer als Kind jedoch ausschließlich nur durch jedes „Sehr gut" in der Schule, jedes fehlerlose Klavierspiel oder jede Autowäsche zur Belohnung sein Taschengeld aufbessern konnte, ist auf „außen gesteuerte Motivation" angewiesen und braucht einen Anreiz mehr: die Anerkennung der anderen. Damit ich nicht missverstanden werde: Das heißt nicht, dass Leistung grundsätzlich etwas Schlechtes sei und wir uns nicht weiterentwickeln sollten. Durch Leistung können sich auch die eigenen Talente entfalten. Aber die Überzeugung, etwas zu schaffen, bringt oftmals mehr, als antrainiertes Können. Entscheidend ist allerdings, dass man sich selbst nicht als leere Hülle sieht, die erst durch Status Inhalt bekommen soll!

Der Grundwert ist uns einfach gegeben! Natürlich sollten Leistungen gewürdigt werden, aber es macht einen Unterschied, ob wir das als angenehmen Zusatz empfinden oder ob wir unseren Selbstwert primär aus unseren Leistungen beziehen!

Sich selbst zu lieben heißt nichts anderes, als sich selbst so anzunehmen, mit allen Stärken und Schwächen, wie man ist und hat nichts mit Egozentrik zu tun!

Sich weiterzuentwickeln auf dem „inneren Weg" ist auch eine Naturgesetzmäßigkeit, jeder in seinem eigenen Tempo. Oftmals finden wir in der Welt das, was wir in uns selbst entdecken. Es hängt sehr vom Selbstwertgefühl ab, wie Sie die Welt sehen. Und wie Sie die Welt sehen, hat eine Rückwirkung auf Ihr Selbstwertgefühl. Je mehr Selbstwertgefühl, desto wertschätzender gehen Sie mit sich selbst und auch mit anderen Menschen um. Wachstum heißt Bewusstsein und Risiko. Das Leben ist wie ein Pokerspiel. Wenn Sie mehr Chips (als Symbol für das Selbstwertgefühl) haben, haben Sie mehr einzusetzen und gehen auch mehr Risiken ein. „Was ich der Welt geben kann, ist: mich selbst!" Das Unikat eines eigenen, unverwechselbaren, entschlossenen Lebens. „Alle werden als Original geboren, aber viele sterben als Kopie." N.N. Richten Sie Ihre Aufmerksamkeit auf Ihre Einzigartigkeit, dann sind Sie sich selbst treu und bleiben ein Original!

*„**GEBURT** ist nicht ein augenblickliches Ereignis,*
sondern ein dauernder Vorgang.
*Das Ziel des **LEBENs** ist es,*
ganz geboren zu werden,
und seine Tragödie,
dass die meisten von uns sterben,
bevor sie geboren sind.
Zu leben bedeutet,
jede Minute ganz geboren zu werden."
Erich Fromm

Jeder ist ein einzigartiges Wesen und etwas „Besonderes", nur die wenigsten wissen es! Wesen, das heißt, Ihr „So sein, wie Sie sind" und nicht als etwas „Besonderes", das sich abheben muss von anderen, sondern in der Entfaltung Ihrer Eigenart, auf Ihre Weise!

Wenn wir keine Schwächen hätten, würden wir nicht so viel Vergnügen daran finden, sie an anderen zu entdecken. Nur der hat ein gutes Selbstwertgefühl, der nicht nur seine Stärken mag, sondern sich auch mit seinen Schwächen und Schattenseiten aussöhnen kann.

Schon Freud erkannte: „Leiden ist leichter als handeln" – lieber das bekannte Elend als das unbekannte Glück. Viele bewegen sich in Bahnen, die sie unglücklich sein lassen, nur weil es ihnen das Gefühl des „Vertrauten" gibt. Um Ihren Selbstwert aufzubauen und sich von alten Mustern zu lösen, wird kaum in einem „Instant-Kurs" gelingen, sondern wird die Auseinandersetzung mit Ihrer Vergangenheit erfordern.

Für einen Motivationstrainer ist es nicht schwer, im Laufe eines Nachmittags eine Gruppe von Seminarteilnehmern in bessere Stimmung zu versetzen und ihnen dadurch ein besseres Gefühl für sich selbst zu vermitteln. Sie lassen sich vom Enthusiasmus eines charismatischen Vortragenden und dem Versprechen anstecken, dass sie „nur zehn einfache Schritte zu einem größeren Selbstbewusstsein" brauchen.

Die meisten Patentrezepte für die Entwicklung des Selbstwertgefühles gehen davon aus, dass zur Lösung des Problems der rosige Abglanz der positiven Gefühle ausreicht, die der Redner hervorgerufen hat. Vor allem, wenn ich dabei an NLP- orientierte Techniken denke. Meine Erfahrungen zeigen, dass sich manche Übungen dieser Technik in der Zielarbeit gut einsetzen lassen, aber ich halte diese Technik als therapeutische Methode, um tiefgreifende Lebensmuster nachhaltig zu ändern, für ungeeignet. Auch wenn keine therapeutische Methode für sich den anmaßenden Anspruch erheben kann, für alle Probleme geeignet zu sein, so habe ich schon während meiner Ausbildungszeit zur Seminarleiterin die kritische Beobachtung gemacht, dass Schulen des NLP(neurolinguistischen Programmierens) von einem mechanistischen Menschenbild ausgehen, wie der Name schon zu erkennen gibt. Doch Menschen sind keine Computer, die mit einer neuen Software und dem Drücken der Entertaste umprogrammiert werden können. Meistens erkennen solchermaßen Trainierte schon ein paar Tage später, dass ihr Leben und ihr Selbst sich nicht grundlegend verändert haben. Mit dieser Erkenntnis beginnt der Glanz des Nachmittags der Offenbarungen allmählich zu verblassen. Statt ein starkes Selbstwertgefühl zu entwickeln, führen solche Erfahrungen oftmals zu einer übermäßigen Abhängigkeit vom Urteil anderer und damit zu einer verstärkten Unsicherheit über das eigene Selbst sowie nicht selten zu großen Frustrationen. Aber bis dahin sind die meisten Gurus bereits über die Berge oder bieten einen weiteren Fortsetzungskurs in der „konstruierten Umdeutung" der Vergangenheit an. Dass die Unzufriedenheit nur am untalentierten oder lernunfähigen Teilnehmer selbst liegen kann, versteht sich aus der Sicht solcher selbst ernannten Gurus von selbst. Denn selbstkritische Reflexionen solcher charismatischen Persönlichkeiten finden selten statt.

> *„Um ein tadelloses Mitglied einer Schafherde zu sein,*
> *muss man vor allem ein Schaf sein"*
> *Albert Einstein*

Wie sehr sich auch gebildete Menschen in diesen Sog ziehen lassen, zeigt folgendes Beispiel, das ich vor einigen Jahren bei einem Vortrag für Manager in Wien erlebt habe: Ein sehr namhafter Professor für Wirtschaftskommunikation referierte darüber, dass Personal Computer die Verlängerung unseres Seins darstellen. Ich glaubte meinen Ohren nicht zu trauen und war sehr verwundert, dass dieser grotesken Aussage niemand was entgegenzusetzen hatte. Der Vortragende brachte es zustande, sein Publikum derart in seinen Bann zu ziehen, dass er sehr geschickt deklarierte, dass Menschen, welche der Informationstechnologie kritisch gegenüber stehen würden, „Leute von gestern" seien, dass solche Ängste quasi lächerlich seien und dass die Vergangenheit mit der Zukunft in keinerlei Zusammenhang stehen würde. Nachdem ich mich zu Wort meldete und hinterfragte, ob ich seine Ausführungen richtig verstanden hätte, konterte ich, dass Ängste auch eine gesunde Signalwirkung haben können, dass ich seine Aussagen für sehr bedenklich empfinde, und fragte ihn ironisch, ob er mir zustimmen würde, dass das Heute das Gestern von morgen sei? Die Lacher dieses Abends waren mir gewiss und doch machte es mich betroffen, dass hunderte Führungskräfte im Publikum diese obskuren Äußerungen in keiner Weise hinterfragten.

Waren Sie schon einmal auf einer Esoterikmesse? Die Versuchung kann groß sein, von der Einkaufstaschengröße der Besucher auf ihr Selbstwertgefühl Rückschlüsse zu ziehen. Einem Vortrag einer Dame, welche angeblich eine Außerirdische war, konnte ich nicht widerstehen.

Auch hier wurden Aussagen getätigt, die hier den Rahmen sprengen würden. Aber die Angstmache, die sich in diesem Raum breit machte und ihre Wirkung beim Publikum nicht verfehlte, ging mir dann doch zu weit. Ich konnte mich nicht mehr halten und musste unentwegt über die skurrilen Weltuntergangsdrohungen der Vortragenden lachen, was ihr keinesfalls entgangen ist. So musste sie in meine Richtung eine Exklusivdrohung aussprechen und meinte, ich werde mein Licht niemals finden und werde keinen Platz im Ufo bekommen, um mich von der untergehenden Welt zu befreien. Dies diente vermutlich dem Versuch als Prophylaxe, mich in die allgemein spannungsgeladene Atmosphäre einzufügen. Als das Publikum Fragen stellen durfte, sagte ich ironisch: „Ich bin hier heute nur gelandet, um Ihnen schöne Grüße von Mr. Spock vom Raumschiff Enterprise auszurichten!" Damit habe ich mir endgültig meine Ufo-Platzreservierung verspielt. Dies ist bereits gute zehn Jahre her und die Welt steht immer noch und bis heute hat mich deswegen kein Außerirdischer aufgrund meines aufmüpfigen Verhaltens aufgesucht. Da habe ich wohl Glück gehabt! Auch da zeigte sich die massenhypnotische Wirkung, mit welcher sich Menschen beeinflussen lassen. Aber eines ist gewiss, ich würde mir niemals eine Teilnehmerin wie mich in einem meiner Vorträge wünschen! Menschen der unterschiedlichsten, sozialen Schichten mit einem gesunden Selbstwertgefühl würden sich kaum in den Sog selbst ernannter Gurus ziehen lassen. Um ein zuverlässiges Selbstwertgefühl zu entwickeln, ist es notwendig, die eigene Geschichte, Talente und Fähigkeiten, Stärken und Schwächen zu erforschen. Das heißt auch, Reflexionen und

Erfahrungen zu machen mit Versuch, Irrtum, erneutem Versuch auf Grundlage von veränderten Mustern. Dies ist nur nachhaltig möglich, wenn man sich auch auf einen längeren Prozess einlässt. Das heißt, die eigene Geschichte nicht nur kognitiv zu verstehen, sondern auch alle damit im Zusammenhang stehenden Emotionen zuzulassen. Unterstützung durch seriöse Selbsterfahrungsseminare mit Nachbetreuung, Therapie, Beratung oder Coaching, um eine längerfristige Wandlung zu ermöglichen und um Umsetzungsstrategien zu erarbeiten, kann sehr vieles erleichtern und bewirken. **Sich dafür Hilfe zu holen, kann der höchste Akt der Selbstliebe sein!** Aber auch da gilt es nicht nur Sympathiewerte entscheiden zu lassen, sondern auch die Qualifikation und persönliche Kompetenz der Seminaranbieter und Berater zu hinterfragen. Medienpräsenz und Prominenz geben keinerlei Qualifikationsauskunft. Stellen Sie in einem Erstgespräch Fragen, die Ihnen wichtig erscheinen. Und lassen Sie sich auch die Methodik erklären, mit welcher der Trainer bzw. der Berater arbeitet. Ein kompetenter Trainer oder Berater wird Ihnen Auskunft darüber erteilen und sich dadurch nicht verunsichern lassen!

Ankunft

*Auf langen Irrwegen bin ich gereist
und glaubte stets bei mir zu sein.
Ich war da draußen irgendwo,
auf der Suche zu vergessen,
versucht die Kindheit nachzuholen,
ich suchte wie besessen.*

*Wie sollte ich das finden,
was ich nie verlor, weil nie gehabt?
Meine Reise schien zu Ende,
ein heftiger Schmerz, Wut und Trauer
gaben meinem Leben eine Wende –
begleiteten mich weiter auf dem Weg.
Nun bin ich angekommen, BEI MIR –
wie gut, dass es mich gibt!*

Die Auseinandersetzung mit sich selbst bildet die Basis für ein erfolgreiches und zufriedenes Leben. Ziele, die auf der Grundlage eigener Bedürfnisse, Motive und Werte sowie mit dem Wissen um sich selbst, der eigenen Stärken und Schwächen, definiert und verfolgt werden, werden eher erreicht als Ziele, die nicht auf dieser Grundlage basieren. Nur wenn Sie sich selbst wirklich gut kennen und auf dieser Basis ein gutes Selbstbild und Selbstwertgefühl haben, können Sie erfolgreich handeln. Wie sehr wir uns in unserer Kultur über unsere Arbeit definieren, zeigt schon die Gesprächseröffnung zweier Fremder mit der Frage: „Was sind Sie?" Und wir antworten meistens mit der Angabe unseres Berufes. Ist es da verwunderlich, wenn sich in unserer Leistungsgesellschaft Arbeit suchende Menschen ohne Job wertlos fühlen? Ich habe mich oft schon gefragt, wie es wäre, wenn wir stattdessen fragen würden: „Wer sind Sie?"

Aber es ist immerhin noch besser, als wenn Sie mit der spitzen Bemerkung gefragt werden:

„Und was ist Ihr Friseur vom Beruf?" Sie müssen Ihre Identifikation mit Rollen in Ihrer Leistung und Arbeit aufgeben können, um zu entdecken, wer Sie eigentlich sind. Sie sind mehr, als das, was Sie nach außen präsentieren. Shakespeare konnte seine Rollen als Schauspieler auf der Bühne ausleben und nach dem Stück die Rolle wieder ablegen. Viele aber spielen ihre Rollen im Leben und identifizieren sich so stark damit, dass manche auch glauben, wirklich die Person zu sein, die sie spielen. Im „Kaufmann von Venedig" legt Shakespeare Antonio das bekannte Sprichwort „The world`s stage, and every man plays his part" in den Mund. Es ist hilfreich, soziale Wirklichkeit immer auch als soziale Inszenierung zu betrachten und sich zu fragen:

- Welches Stück wird hier gespielt?
- Welche Rollen spiele ich?
- Wie bin ich in dieses Stück geraten?
- Wie geht es mir in dieser Rolle?
- Kann ich sie auch anders anlegen?
- Will ich diese Rolle spielen?
- Wer bin ich jenseits dieser Rolle?

Es kann zur Sisyphusarbeit werden, wenn Sie stets Ihr Selbst im Außen suchen, in äußeren Bestätigungen, in äußeren Erfolgen, in äußerer Sicherheit. Ihre Heimat aber liegt im Inneren Ihres Selbst. Dort sind Sie souverän. James Bugental wies darauf hin: „Solange Sie diese uralte Weisheit nicht neu entdecken, und zwar jeder für sich und auf seine Weise, sind Sie dazu verdammt umherzuirren und Trost dort zu suchen, wo es keinen gibt – in der Außenwelt."

> *„Wie töricht tut der Mensch,*
> *der aus der Pfütze trinkt*
> *und die Fontäne lässt,*
> *die ihm im Haus entspringt."*
> *Angelus Silesius*

Der missverstandene Demutsbegriff aus der Bibel hat die Menschen gebeugt. Jesus wollte meiner Ansicht nach aber nicht den gebeugten und gekrümmten Menschen, sondern den aufrechten („aufrichtigen") Menschen.

Wenn wir in die Kirchengeschichte schauen, dann haben die größten Moralprediger nie das gelebt, was sie von aller Welt verlangten. Weil sie Angst hatten vor ihrem eigenen Schatten, haben sie anderen Angst gemacht vor Schuld und Sühne. Meine Botschaft lautet: Nutzen Sie den Nutzen! Versagen Sie sich nicht Ihren persönlichen Erfolg, der Ihnen zusteht! Leben Sie den „gesunden Egoismus" mit Weitblick! Es ist so simpel, nur wenn Sie sich selbst so annehmen können, wie Sie sind, können Sie auch andere in ihrem „Anderssein" so annehmen, wie sie sind. Denn Toleranz hört dort auf, wo die Angst beginnt.

Und nur, wenn Sie sich selbst Gutes tun, können Sie langfristig auch für andere da sein!

Diese Wechselwirkung ist eine bekannte, aber oft vernachlässigte Naturgesetzmäßigkeit. **Schließlich ist nur genießbar, wer auch genießen kann!**

2. EIGENVERANTWORTUNG, SELBST-BESTIMMUNG & SOZIALE VERANTWORTUNG

Eigenverantwortung

„Grundrechte sind in der Menschenrechtskonvention verankert: Es wird jedoch nicht von der Verantwortung des Menschen gesprochen." (Yehoni Menuhin)
Um in Eigenverantwortung zu leben, lassen sich doch immer genug Sachzwänge benennen, die der ersehnten Freiheit einen Strich durch die Rechnung machen. Schon in der christlichen Mythologie wird deutlich, dass der Mensch sich im Paradies aus seiner Verantwortung drücken wollte. „Wo warst du, Adam?" Er antwortete: "Ich war es nicht, Eva hat mir den Apfel gegeben" und Eva redete sich auf die Schlange aus.

Zwei Auffassungen von der psychologischen Beschaffenheit des Menschen liegen im Streit. Auf der einen Seite stehen die „Milieutheoretiker" und auf der anderen Seite die „Deterministen". Die Milieutheoretiker halten den Menschen vorwiegend für ein Produkt der Gesellschaft und des sozialen Milieus, in dem er lebt. Sein Verhalten wird nach ihrer Auffassung von Erziehungseinflüssen stärker geprägt als von genetischen Vorprogrammierungen. Die Deterministen halten die Eigenschaften des Menschen für genetisch festgelegt und deshalb für unveränderbar, zumindest räumen sie den Erbeinflüssen auf die Persönlichkeitsstruktur eine größere Bedeutung ein als den Milieufaktoren. Insgesamt sind mehr Wissenschaftler zu den Deterministen als zu den Milieutheoretikern zu rechnen. Das Menschenbild der beiden Auffassungen ist natürlich jeweils anders und beinhaltet entsprechende Konsequenzen. Gesellschaftsveränderer, Sozialrevolutionäre, Humanisten, Utopisten, Weltverbesserer vertreten meist die Auffassungen der Milieutheorie, während die Konservativen, Bewahrer und Traditionalisten auf die „natürliche, genetisch festgelegte" Struktur der bestehenden Verhältnisse verweisen, die determiniert ist und nicht geändert werden kann. Wissenschaftler sind nicht frei von Ideologien, weder Naturwissenschaftler noch Psychologen oder Philosophen. Sie sind Anhänger eines Menschenbildes, das sie in ihre Hypothesen hineinprojizieren, und sie beeinflussen damit mehr oder weniger bewusst die Ergebnisse ihrer Forschungen. Natürlich sind Sie von Ihren Genen determiniert und auch gesellschaftliche, soziale und familiäre Prägungen spielen eine beträchtliche Rolle, aber es gibt auch noch die Selbstprägung!

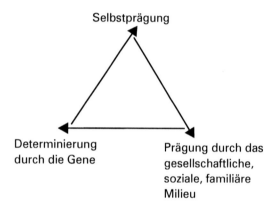

Selbstprägung

Determinierung
durch die Gene

Prägung durch das
gesellschaftliche,
soziale, familiäre
Milieu

Daraus ergibt sich die Frage, wie Sie mit sich selbst und Ihrem Leben umgehen? Der Mensch ist wie ein Haus. Es ist nie fertig und steht immer in Entwicklung! Wenn Sie ein Haus bauen, haben Sie auch vorgefertigte Baumaterialien und stehen im Verhältnis zu Ort und Zeit, aber es kommt darauf an, was Sie daraus machen. **Sie müssen nicht Lugner heißen, um der Baumeister Ihres Lebens zu sein!** In den Wurzeln steckt des Baumes Kraft! Diese Kraft aus Ihren Wurzeln können Sie gewinnen, wenn Sie den Mut aufbringen, sich darauf einzulassen, Ihre persönliche Geschichte aufzuarbeiten.

Lebenskunst

Die Bewältigung der Vergangenheit und
das bewusste Erleben der Gegenwart
ermöglichen das Freisein für die Zukunft.

Sich mit Ihrer Geschichte auseinander zu setzen, sich mit Ihren Zufällen, Ihrem Schicksal und den Umständen auszusöhnen, liegt in Ihrer Verantwortung, dann können Sie selbst was daraus machen. Es liegt in Ihrer Selbstverantwortung, aus dem, was aus Ihnen gemacht wurde, das Beste zu machen! Um aus allem das Beste zu machen, sollten Sie erst mal herausfinden, was das Beste für Sie ist, und das kann eine schöne Herausforderung sein! Eigenverantwortung ist der beste Schutz vor Fremdbestimmung! Es ist wichtig anzuerkennen, dass andere Menschen um Sie herum Erwartungen an Sie stellen, aber Sie entscheiden, wie Sie handeln möchten! Und das heißt, dass Sie die eine oder andere Erwartung enttäuschen müssen.

Es geht in erster Linie um Ihr Leben! Wenn Sie sich zum Opfer der Umstände machen, werden Sie von anderen erwarten, dass sie darauf achten müssen, dass es Ihnen gut geht, dass andere für Sie etwas tun müssen, damit es Ihnen besser geht.

Wenn Sie erwarten, dass dieses Buch ein Patentrezept für Sie parat haben sollte, werden Sie enttäuscht sein. Wenn Sie meine subjektiven Sichtweisen, Anregungen und Impulse als Allheilmittel und als allgemein gültige Wahrheiten verstehen, werden Sie mich für das Resultat verantwortlich machen, falls die erwünschte Erwartung sich nach der Anwendung nicht erfüllen sollte. Das aber hätte einen hohen Preis! Nicht nur den Verlust Ihrer Selbstverantwortung, sondern auch Ihrer Selbstachtung!

Selbst-Bestimmung

Erziehung, Bildung und Beruf haben den meisten von uns beigebracht, dass die Welt aus Rivalen und Konkurrenten besteht. Verständlich, wenn Sie sich als „Heckenschütze" sicherer fühlen, als in offener Konfrontation mit einem konkreten Gegenüber. Das erfordert Mut und persönliche Stärke, die nur in Verbindung mit einem eigenen Wollen, aus Freiwilligkeit entstehen kann. Schlau angelegte Motivationsseminare, Kommunikationstrainings und geschickte Manipulation können vielleicht helfen, aber niemals ersetzen und erreichen, was der eigene Wille vermag!

Mag. Thomas Hölzl, Sportwissenschafter, Tai-Chi-Trainer in Zusammenarbeit mit einem praktischen Arzt, ledig

„Eigenverantwortung, Willenskraft und Risikobereitschaft haben mir zum persönlichen Erfolg verholfen! Ich besuchte eine vierjährige Militärschule, denn ursprünglich wollte ich Pilot werden. Das hat aber nicht geklappt. Ich entschied mich dann für ein Sportstudium und für ein Studienjahr in China. Ich interessierte mich für Tai-Chi und Qigong, habe Kontakt hergestellt zur Sportuniversität Peking, weil diese Methoden dort ihren Ursprung haben. Ich bekam einen Studienplatz. Es war nicht einfach, in dieser Kultur zu leben, da ich auf mich allein gestellt war. Es konnte kaum jemand in China Englisch und so musste ich sogar die chinesische Sprache erlernen. Meine Willenskraft hat sich gelohnt, die größte Freude hatte ich, als ich dann das Diplom der chinesischen Universität erhalten habe!"

Der gesunde Wille eines Menschen ist jene starke Antriebskraft, die aus persönlicher Erkenntnis, innerer Überzeugung und personaler Freiheit wächst. Nur wo ein eigener Wille zugelassen ist, gibt es Selbst-Bestimmung. Nur, wo es Selbst-Bestimmung gibt, gibt es auch Selbst-Verantwortung!

> *„Nicht, weil die Dinge schwierig sind,*
> *wagen wir sie nicht, sondern,*
> *weil wir sie nicht wagen, sind sie schwierig."*
> *Seneca*

Was passiert, wenn Sie Ihr Leben selbst in die Hand nehmen? Plötzlich ist niemand anderer mehr da, den Sie dafür verantwortlich machen können!
Leben Sie? Oder werden Sie gelebt? Seien Sie sich bewusst, dass Sie nur dieses eine Leben haben! „Love it, leave it or change it." Es liegt in Ihrer Hand! Wenn Sie Ihr Leben verändern möchten, brechen Sie aus der vertrauten Komfortzone aus. Verantwortung für sich selbst zu übernehmen ist sicher unbequemer als fremdgesteuert zu sein, bringt jedoch die größere Befriedigung mit sich!

Jenseits der gängigen Ratgeberliteratur wussten schon Sokrates, Aristoteles und Plato, dass es keine fertigen Rezepte geben kann, wie wir unser Leben leben sollen. Sie dachten nach und leiteten andere an, selbst darüber nachzudenken. Philosophie diente der Lebenskunst. Sie wussten, dass die wichtigste Lebenshilfe auf der Ebene des Denkens stattfindet. Sie versorgten Ihre Schüler nicht mit fertigen Antworten, sondern gaben ihnen Fragen um das Selbstsein zurück.

- **Wer bin ich? Was sind meine Werte, meine persönlichen Ziele und meine ureigensten Möglichkeiten?**

....

....

Soziale Verantwortung

Tatsache ist: Wir sind soziale Wesen und leben nicht auf einer Insel. Extreme sind systemzerstörend. Wie wir mit uns selbst umgehen, hat eine Rückwirkung auf unsere Umgebung und im umgekehrten Sinn hat es eine Rückwirkung auf uns selbst, wie wir mit unserer Umgebung umgehen. Diese Wechselwirkung kann aus der Balance geraten, wenn Sie in ein einseitiges, extremes Verhalten verfallen. Ausländerfeindlichkeit, die schwach ausgeprägte Solidarität und kaum vorhandene Zivilcourage zeigen sehr deutlich die Auswirkungen, wenn es im Staatshaushalt eng wird und in welche Richtung das Pendel in unserer Gesellschaft ausgeschlagen hat.

Interview Pfarrer Wolfgang Pucher , Initiator der Obdachlosengemeinschaft Vinzidorf

„Ich halte es für möglich, in Österreich die Obdachlosigkeit zu überwinden. Es fehlt nur der politische Wille dazu, weil man damit keine Stimmen gewinnen kann. Ich bin wöchentlich mit einigen Menschen konfrontiert gewesen, die im Winter mit

einem Plastiksackerl vor der Haustüre gestanden sind und Unterschlupf gesucht haben. Ich habe es einfach nicht mehr ertragen, mit anzusehen, wie diese Menschen der Kälte ausgesetzt sind. Wir hatten am Anfang keinen Groschen Geld, keine Mitarbeiter und habe mit einigen Jugendlichen gestartet. 1991 habe ich einen alten Baucontainer erbettelt, neben dem Pfarrhaus aufgestellt, Matratzen hineingelegt und da konnten die ersten drei Männer übernachten. Da das gut geklappt hat, kam die Idee, das auszuweiten. Ich habe Baufirmen aufgesucht, um ihnen die alten Baucontainer abzunehmen. Das war eine Müllentsorgung für Müllmenschen. Es geht nicht darum, diese Menschen zu therapieren, sondern sie einfach leben zu lassen. Wir haben immer mit Anfeindungen fertig werden müssen. Immer wenn wir endlich einen Standort für die Container hatten, wurden Bürgerversammlungen gemacht und gegen die Ansiedlung Unterschriften gesammelt. Ich habe zuvor noch nie erlebt, dass ich als Pfarrer abgelehnt wurde, und plötzlich wurde ich so massiv angegriffen. Die Überzeugung, dass es passieren muss, hat sehr geholfen. Da habe ich eine Grenze übersprungen. Ich glaube an Visionen, für die ich dann kämpfe. Ich habe die innere Bereitschaft, auf ein Ziel konsequent zuzustreben bis zur allerletzten Möglichkeit. Und dann, wenn ich nicht mehr weiter weiß, schalte ich den Himmelsjoker ein. Dann sage ich zu Gott: „So, ich habe alles mir Mögliche gemacht, jetzt bist du dran!" Da habe ich gelernt an Wunder zu glauben. Inzwischen ist es uns gelungen, in Graz die Obdachlosigkeit einzudämmen, nun sind wir dabei in Wien aktiv zu werden. Grundsätzlich würde ich rückblickend nichts anders machen, außer, dass ich die politisch Verantwortlichen mehr in die Pflicht nehmen würde, als ich es am Anfang gemacht habe."

Als Hauptgrund für länger anhaltende Obdachlosigkeit wird vielfach der Verlust einer Mietwohnung bzw. einer mit dem Arbeitsplatz verbundenen Unterkunft genannt, gefolgt vom Umstand, dass Eltern, Verwandte oder Freunde nicht fähig oder willens sind, Unterkunft zu gewähren. Als weiterer Grund wird der Arbeitsplatzverlust und oftmals der Zusammenbruch einer partnerschaftlichen Beziehung genannt. Diesen Gestrandeten fehlt es nicht alleine an Einkommen, sondern auch an Selbstvertrauen, das ihnen abhanden gekommen ist. Naturkatastrophen wie Erdbeben und Überschwemmungen führen uns heute schmerzlich vor Augen, dass kaum jemand vor temporärer Obdachlosigkeit gefeit ist.

„ Was Menschenwürde wirklich bedeutet,
zeigt sich nicht an den Gesunden und Erfolgreichen,
Schönen und Reichen, sondern in den
Strafanstalten, den Asylanten- und Obdachlosenherbergen
und den Pflegeheimen. "

Ernst Benda, Expräsident des deutschen Bundesverfassungsgerichts

200.000 Frauen leben in Österreich in akuter Armut, also unterhalb der Armutsgrenze und sind damit fast doppelt so stark von Armut betroffen als Männer (110.000). Davon sind vor allem Alleinerziehende stark betroffen. Jede sechste Alleinerziehende (17%) erhält weder Kindesunterhalt noch Unterhaltsvorschuss. Zur effektiven Bekämpfung der „Armutsfallen", wie auch der bestehenden Not bedarf es neben einer effektiven Soforthilfe längerfristigerer politischer Strategien. Die Hilfe jedes Einzelnen ist sehr wichtig. Aber auch die politischen Verantwortlichen sind aufgefordert überparteiliche, langfristige Maßnahmen zu setzen, die über die üblichen abgedroschenen Absichtserklärungen hinaus gehen. Können reiche Politiker wirklich nachvollziehen was Armut bedeutet? Oder haben die meisten lediglich eine abstrakte Vorstellung davon, weil sie es sich bequem gemacht haben in der Luxus-Komfortzone der Privilegierten? Im Übrigen schließen sich Eigenverantwortung und soziale Verantwortung einander nicht aus. Im Gegenteil: Nur wer eigenverantwortlich denkt, fühlt und handelt, kann auf lange Sicht gesehen auch gut für andere Menschen da sein! Schon als Kind habe ich mich immer auf die Seite der Schwächeren gestellt. Mein kindliches soziales Verantwortungsgefühl wusste genau, was ich zu tun hatte, wenn jemandem Ungerechtigkeit widerfahren ist. Heute ist es für mich sehr wichtig, dass mein Sohn kein Weltbild vermittelt bekommen soll, in dem immer nur der Stärkere gewinnt, sondern dass der

Schwächere in unserer Gesellschaft auch Schutz erhalten sollte. Es gibt Menschen, die es nicht schaffen, aus dem, was aus ihnen gemacht wurde, das Beste zu machen. Wir müssen einfach zur Kenntnis nehmen, dass es auch benachteiligte Menschen gibt, die nicht auf die Butterseite des Lebens gefallen und auf Hilfe anderer angewiesen sind! Jeder bringt völlig unterschiedliche Grundvoraussetzungen mit, jeder hat seine eigene Geschichte, daher sind wir miteinander nicht vergleichbar. Jeder handelt im Rahmen seiner Möglichkeiten. Dementsprechend ist der gute Ruf nach dem Ideal, was benachteiligte Menschen tun sollten, völlig nutzlos, ohne ihnen dabei konkrete Hilfestellungen zu leisten. Wir haben auch die soziale Pflicht, Beurteilungen über benachteiligte Menschen zu unterlassen und uns stattdessen für sie einzusetzen! Die Beurteilung anderer dient oftmals als Vorwand zur eigenen Bequemlichkeit. Die „Selberschuld-Mentalität" ermöglicht es dem Einzelnen, sich in der Komfortzone des sozialen Unterlassens einzurichten. Was ich nicht weiß, macht mich nicht heiß. Wer selbst schuld ist, geht mich auch nichts an. Wir sollten nicht vergessen, es könnte jeden von uns treffen!

Als britische „Harry-Potter"-Autorin zeigte zwar Joanne K. Rowling aller Welt, dass es selbst für eine ehemalige Sozialhilfeempfängerin nicht unmöglich sein muss, einen Bestseller zu schreiben. Aber nicht jedem ist diese Gabe in die Wiege gelegt und natürlich gehört auch immer ein Quentchen Glück dazu. Rowling hat aber ihre soziale Herkunft nicht vergessen.

Heute stellt sie Vorabausdrucke ihrer Neuerscheinungen exklusiv für Obdachlosenzeitungen zur Verfügung, um ein soziales Zeichen zu setzen.

Auftrag

Ein kleiner Teil des Ganzen,
wenn`s nicht mehr funktioniert,
bringt vieles in Bewegung,
das einiges bewirkt.

Sind wir nicht mehr die Gleichen,
erscheint die Welt in neuem Licht -
wohin es geht, entscheiden wir,
wir selber stell`n die Weichen.

Den Weg zu geh`n, den wir bestimmen,
gibt Anlass nachzudenken,
wie unser Auftrag heißen soll,
um ihn auch zu vollenden.

„Gott hat die Armut nicht erschaffen. Er schuf nur uns", meinte Mutter Teresa. Es liegt daher an uns, teilen zu lernen, Solidarität zu zeigen im Hier und Jetzt. Ich bin zwar keine Rowling oder Mutter Teresa, aber sie wurden für mich durch ihre bewundernswerten, sozialen Handlungsweisen zu Impulsgeberinnen. Daraus entwickelte sich die Idee, dieses Buchprojekt auch in den Dienst eines karitativen Zweckes zu stellen und jenen Menschen zugute kommen zu lassen, die in unserer Gesellschaft benachteiligt sind. Sie, liebe Leserin, lieber Leser haben durch den Kauf dieses Buches Ihren Teil dazu beigetragen (siehe Spendenaktion im hinteren Teil des Buches). Ich wünsche mir, dass auch ich nun als Impulsgeberin diene, um diesen Gedanken an Sie weiterzugeben. Vielleicht haben auch Sie eine Idee, wie Sie Ihre tägliche Arbeit in den Dienst einer guten Sache stellen könnten. Es ist wünschenswert und beabsichtigt, wenn sich diese „Karitativ-Infektion" wie ein Lauffeuer ausbreitet und auch in Ihnen eine zündende Idee auslöst.

- **Was ist mein persönlicher sozialer Auftrag?**

....

....

....

„Was einem von Wert ist,
ist von anderen nicht bestimmbar."
N.N.

3. WERTE, SINN & ZIELE

Werte

Werte lassen sich als „Leitbilder für ein gutes Leben oder eine erstrebenswerte Gesellschaft" (Strümpel/Scholz-Ligma 1992) definieren. Werte sind im Leben wichtig, denn sie geben Ihnen Halt und eine Richtung. Vorausgesetzt, Sie achten darauf, dass Ihnen Ihre Werte bewusst sind. Und dass Sie Ihre Ziele nach Ihren Werten ausrichten! Viele übernehmen die Werte ihrer Herkunftsfamilie oder ihres Umfeldes. Es können Werte sein, die Sie zufrieden sein lassen. Aber vielleicht sind sie Ihnen gar nicht bewusst, sondern merken lediglich eine latente Unzufriedenheit, wenn sie nicht mit Ihrem ureigensten Wesen übereinstimmen. Werte können sich auch im Laufe des Lebens verändern. Mit 18 Jahren werden Sie andere Werte vertreten als mit 50 Jahren. Wenn es z. B. eines Ihrer Ziele ist, die nächste Karrierestufe hochzuklettern, Sie ein Landhaus und einen Porsche erwerben wollen, Ihnen aber Ihr Partner und Ihre Kinder das Wichtigste auf der Welt sind, dann werden Sie möglicherweise rückblickend unzufrieden sein, wenn Sie für Ihre Zielerreichung Ihr Familienleben opfern mussten. Viele Menschen merken im Alltag nicht, dass ihnen ihre eigenen Werte abhanden gekommen sind und diese nicht mehr leben.
Ein Teilnehmer, Architekt und Unternehmer, hat mir in einem Selbstmotivations- und Stressbewältigungstraining rückgemeldet, dass er durch das Seminar mehr Sensibilität erworben hat, um seine Werte, die er im Alltagsstress bereits umgedeutet und völlig vernachlässigt hat, wieder mehr zu pflegen. Es gibt nicht nur viele Mitarbeiter, sondern auch Führungskräfte in Firmen, die das Gefühl haben, nur mehr ein kleines Rädchen im System zu sein. **Fragen Sie sich, was einmal auf Ihrem Grabstein stehen sollte: „Er hat funktioniert" oder „Er hat sein Leben gelebt"?**

Interview Dr. Monika Lindner, ORF-Generaldirektorin, Wien
verheiratet, keine Kinder

„Wirklich wichtig sind mir in meinem Leben Gesundheit, Zufrie-
denheit und Harmonie in meiner Familie. Außerdem liegt mir
daran, mein Leben so zu gestalten, dass immer auch Platz für
Humor bleibt. Ich lege größten Wert auf Aufrichtigkeit, Verläss-
lichkeit, Loyalität und die Bereitschaft, auf die Meinung anderer
zu hören, darauf einzugehen und diese Meinung auch gelten zu
lassen. Meine Werte haben sich im Laufe meines Lebens nicht
verändert. Im Gegenteil: Mir werden die oben angeführten Wer-
te in zunehmendem Alter immer wichtiger. Meine persönlichen
Ziele korrespondieren mit meinen beruflichen und bestehen da-
rin, das Unternehmen ORF bestmöglich und erfolgreich zu füh-
ren. Um meine Ziele zu erreichen, bleibe ich meinen Idealen treu.
Außerdem versuche ich, nach dem Motto ‚Ewiges Lernen hält fit'
zu leben. Es ist mir ein großes Anliegen, neue Herausforderun-
gen anzunehmen, mich Innovationen nicht zu verschließen und
generell alles Neue aufmerksam zu verfolgen. Meine Ziele stim-
men durchwegs mit meinen Werten überein. Meiner Meinung
nach kann dies nur Hand in Hand gehen. Nur wenn man jene
Werte, die einem persönlich wichtig sind, zum Erreichen seiner
Ziele einsetzt, wird man im Nachhinein mit der Umsetzung der
Zielvorgaben zufrieden sein. Als persönlichen Erfolg empfinde
ich es, nach Abschluss eines Projekts sagen zu können: Genauso
würde ich es wieder machen."

- **Welche Werte habe ich?**

....

....

....

Sinn

Erich Fromm bezeichnete die Sinnkrise als Krankheit unseres
Jahrhunderts - die Entfremdung von sich selbst, den Mitmen-

68

schen, der Natur - und ist als einseitige Ausrichtung auf Werte wie Leistung, Fortschritt, rationale Lebensbewältigung, technische Kontrolle und Ausbeutung der Natur zu benennen. Außerdem spielt die zunehmende Unüberschaubarkeit und Komplexität der Welt eine entscheidende Rolle, die dazu führt, dass wir „vor lauter Bäumen den Wald nicht mehr sehen". In unseren Alltagsbezügen leben wir Vereinzelung statt Verbundenheit, wir sind desorientiert und dissoziiert. Wir haben nicht nur die instinktive Verbundenheit mit der äußeren Natur verloren, sondern sind oft genug auch unserem eigenen Wesen entfremdet. Die kollektive Sinnkrise führt zur hilflosen Suche nach griffigen Wirklichkeitsmodellen, die dem Einzelnen wieder einen sinnvollen Platz zuweisen und Orientierung sowie Sinn stiften sollen.

Ob Astrologie, Kartenlegerei, Astraltherapie oder Wahrsagerei - der Esoterikmarkt boomt. Wenn man bedenkt, wie komplex das Leben ist und immer unüberschaubarer geworden ist, ist es nicht verwunderlich, wenn Menschen sich nach außengeleiteten Voraussagen sehnen. Die Frage ist nur, ob das Eintreffen dieser Voraussagen nicht lediglich „selbsterfüllende Prophezeiungen" sind. Ist es nicht bedenklich, dass viele Menschen Aussagen von wildfremden Gurus, oftmals ohne nachvollziehbarer Qualifikation mehr Glauben schenken, als ihrer eigenen inneren Stimme und dem Einsatz ihres gesunden Menschenverstandes? Obwohl es schon vorkam, dass auf einem schwarzen Brett geschrieben stand: "Leider musste das Treffen der Hellseher-Vereinigung wegen unvorhergesehener Ereignisse abgesagt werden", lassen sich Menschen immer mehr in den Sog solch selbsternannter Gurus ziehen. Besonders amüsant finde ich es, wenn in diversen Talk-Shows Menschen davon berichten, dass Sie im vorigen Leben Kaiserin Sissi oder Elvis Presley gewesen seien. Spannend finde ich dabei, dass es sich bei diesen Erfahrungsberichten immer um sehr namhafte Persönlichkeiten handelt. Ich habe noch nie gehört, dass jemand berichtet hätte, dass er in seinem vorigen Leben die Frau Huber von der 10er Stiege oder ein Rauchfangkehrer war.

Es gab eine Phase in meinem Leben, in der auch ich von der esoterischen Szene fasziniert war und von astrologischen Angeboten Gebrauch gemacht habe. Wenn ich Ihnen nun erzählen würde, ich hätte dies lediglich für Recherchezwecke gemacht, würden Sie mir das ohnehin nicht glauben – oder ? Ich habe von zwei namhaften Astrologinnen zwei völlig unterschiedliche astrologische Gutachten und dementsprechend völlig konträre Interpretationen und Voraussagen erhalten. Inzwischen habe ich alle I-Ging und Tarotkarten sowie alle astrologischen Auswertungen und hellseherischen Aufzeichnungen vernichtet. Das war sehr befreiend! Wenn es nach diesen Voraussagen gegangen wäre, wäre ich heute eine händeauflegende Heilerin, die Mutter eines weiteren, künstlerisch hochbegabten Kindes und die Frau eines egozentrischen Kabarettisten. Wie sollte ich das alles unter einen Hut bekommen, wenn man bedenkt, dass ich all dies auch noch mit den Mondphasen hätte in Einklang bringen müssen? Jedenfalls sah meine Karriere- und Lebensplanung anders aus!

Ursula Wirtz & Jürg Zöbeli weisen darauf hin, dass der Widerspruch zwischen der Illusion der Machbarkeit und des grenzenlosen naturwissenschaftlichen Fortschritts und der gleichzeitigen Ausgeliefertheit an atomare Bedrohung und Umweltzerstörung Zerrissenheit und eine außerordentliche heilungsbedürftige kollektive Zeitsituation schafft.

Die Wirklichkeit als Ganzes ist uns abhanden gekommen; wir können nur noch Ausschnitte von ihr wahrnehmen. Das Ziel und der Weg dahin, die zwei Pole des „Sinns" sind voneinander getrennt und werden beide sinnlos, da sie nicht mehr aufeinander bezogen sind und keine sinnvolle Einheit mehr bilden. „Die Entfremdung von uns selbst, von unseren Gefühlen und den eigenen Bedürfnissen, ist selbstverständlich geworden, die Krankheit des Jahrhunderts ist dabei so verbreitet, dass sie als solches kaum mehr wahrgenommen wird (Erich Fromm)."

Schließlich ist die Sinnkrise unseres Zeitalters charakterisiert durch die gestörte Kommunikation. Statt eines flexiblen Wechsels zwischen Abgrenzung und Öffnung, zwischen Sachbezug und persönlich-emotionalem Austausch sind die menschlichen Beziehungen oft auf die technisch-funktionierende Dimension und Transport von Informationen begrenzt.

Perry weist darauf hin, dass von archaischen Kulturen das zyklische Wesen der Naturvorgänge verstanden wurde und dass der moderne Mensch von einem linearen Fortschritt überzeugt ist. Der Natur geht es nicht primär um das Leben, wie Drewermann schreibt, sondern um das Gleichgewicht zwischen Leben und Tod. Und wer den Tod nicht als Bedingung des Lebens anerkennt, wird die Natur niemals bejahen können. Sinnverlust bedeutet auch den Verlust der Möglichkeit, sich auf etwas Übergeordnetes zu entwerfen und teilzuhaben an dem, was die Welt im Innersten zusammenhält. Ihr Leben sinnvoll zu gestalten, der eigenen Existenz einen Sinn zu geben, Ihrer inneren Stimme zu vertrauen, Ihr persönliches Sinnmuster zu finden und zuzustimmen, dass es gut ist, dass Sie sind und wie Sie sind, schafft persönliche Zufriedenheit.

Nicht die „Guru-Voraussagen", sondern Ihre eigenen selbstentdeckten Ziele nach Ihren persönlichen, sinnvollen Werten auszurichten, bringt Sie Ihrem persönlichen Erfolg näher.

Mag. art. Erich Grassl, Musiker/ALEA-Quartett und Lehrer am Sonderpäda-gogischen Zentrum für kriminelle Jugendliche, geschieden, 1 Kind

„Persönlicher Erfolg heißt für mich, wenn ich den Dingen, die ich ausübe, großen Wert und Sinn beimessen kann.
Für mich war meine Konzertdiplomprüfung ein großer persönlicher Erfolg. Ich habe zehn Jahre Cello an der Musikhochschule studiert. Im Vergleich zu anderen Kollegen ist es deshalb so hoch bewertet, weil ich sehr spät begonnen habe mit diesem Instrument zu spielen und trotzdem den Weg geschafft habe, den andere schon im Kleinkindalter begonnen haben.
Es hat eine Zeit gegeben, in der es mir sehr Leid getan hat, dass ich meine Kunst und meine Familie nicht vereinbaren konnte. Meine Scheidung war für mich ein großer Misserfolg, da ich es nicht geschafft habe, die Familie irgendwie zu integrieren. Ich hatte Phasen, wo ich das als Sackgasse betrachtet habe. Aber das Ende bedeutet auch immer Aufbruch und Neubeginn. Konstantin Wecker besingt mein Lebensmotto: Immer in Fluss sein, sich ständig bewegen und veränderungsbereit sein!"

Konstantin Wecker meint in einem seiner Lieder auch: "Wenn wir unsere Werte selbst bestimmen und uns auf uns selbst besinnen, sind wir markwirtschaftlich nicht zu gebrauchen."

Fragen Sie sich, mit welchen Entscheidungen für welche Werte und Ziele Sie am Lebensende mit Zufriedenheit zurückblicken und sagen können: „I did it my way und es war gut so!"

Werte und Ziele

- **Welche Werte machen in meinem Leben wirklich Sinn?**
- **Was ist mir in meinem Leben wirklich wichtig?**

....

....

Setzen Sie Prioritäten und machen Sie eine Reihung, schreiben Sie die Werte zuerst, die Ihnen am wichtigsten sind. (Z.B. Gesundheit, Freiheit, Familie, Anerkennung etc.)
Dann notieren Sie Ihre derzeitigen persönlichen Ziele.

Meine Werte: **Meine persönlichen Ziele:**

1.
....
2.
....
3.
....

Stimmen Ihre Ziele mit Ihren eigenen Werten überein?

> *„Es liegt in unserer Natur,*
> *vernünftig zu denken und*
> *unlogisch zu handeln."*
> *Anatole France*

Ich habe in den Seminaren und Coachinggesprächen sehr viele Menschen kennen gelernt, für die z. B. ihre Gesundheit oder ihre Familie einer der größten Werte darstellen und viele handeln aber nicht danach. Es liegt mir fern, mit dem Zeigefinger zu agieren, es geht mir darum, diese möglichen Differenzen aufzuzeigen, weil sie Ihnen vielleicht nicht bewusst sind. Denn Bewusstsein ist der erste Schritt zur Veränderung.

Alles, was für uns selbstverständlich geworden ist, verliert an Wert. Wie heißt es so schön? „Ohne Gesundheit ist alles nichts!" Wie wahr! Die Tiefsinnigkeit dieser Binsenweisheit erkennt man spätestens dann, wenn man selbst krank ist und sich nichts sehnlichster wünscht als wieder gesund zu werden. Oftmals erkennen wir den Wert eines Partners erst dann, wenn wir ihn verlieren. Es scheint so, als würden wir oftmals erst durch den Verlust dessen, was uns zwar wichtig ist, aber bereits zur Selbstverständlichkeit wurde, erkennen, was für uns wirklich wesentlich ist! Sollten Ihre Werte mit Ihren Zielsetzungen ident sein, so möchte ich Ihnen dazu gratulieren! Dann zählen Sie vermutlich zu jenen beneidenswerten, authentischen Menschen, die mit sich selbst und dem Leben zufrieden sind, weil Sie mit sich selbst und mit Ihrer Umwelt im Einklang sind.

Sollte es keine oder teilweise keine Übereinstimmung geben, haben Sie jederzeit die Möglichkeit das zu ändern. **Bedenken Sie, dass die Qualität Ihrer Ziele die Qualität Ihres Lebens bestimmt!** Was möchten Sie verändern? Ihre Werte oder Ihre Ziele? Oder wollen Sie diese Differenz aufrechterhalten? Es ist Ihre Verantwortung! Sie müssen lediglich die Konsequenzen Ihrer Entscheidung und Ihres Handelns tragen.

*„Das Wertvollste im Leben ist
die Entfaltung der Persönlichkeit
und ihrer schöpferischen Kraft."
Albert Einstein*

4. BERUF UND BERUFUNG

Ein BERUF wird durch eine Ausbildung angeeignet. Früher konnte man davon ausgehen, mit einem bestimmten erlernten Beruf eine Lebensstellung zu haben. Man war auf Sicherheit bedacht. Gegenwärtig und in der Zukunft gehört der „Job-Nomade" zur Normalität, daher gewinnt die Flexibilität immer mehr an Bedeutung. Im Laufe seines Lebens hat man mehrere Arbeitgeber und es gibt immer mehr temporäre Jobs. Das heißt, man arbeitet in verschiedenen Projekten und hat mehrere Auftraggeber. Aber es gibt auch Ausnahmen: Z.B. dürfen frühpensionierte Arbeiter auf Mailänder Flughäfen ihren Job an ihre Kinder weiterreichen. „Papas Arbeitsstelle wird an den Sohn vererbt, wie ein Auto oder ein Haus", kommentierte ein italienisches Blatt.

Die Indianer besaßen vom Wesen der Tiere ein tieferes Wissen. Jeder Mensch hatte bei ihnen ein Totemtier, das sowohl Schutz als auch Quelle der Kraft und Weisheit für sie war. Mitglieder des Stammes hatten oft Namen wie „Weißer Adler", „Tanzender Bär" usw. und befanden sich während ihres ganzen Lebens in großem Einklang mit dem Wesen dieser Tiere.

Doch die Zeiten haben sich geändert. Während man einem Mann in früheren Zeiten nach seinem Gewerbe wie z. B. „Jakob der Schmied" nannte, hat sich die Geschwindigkeit inzwischen derart gesteigert, dass die moderne Entsprechung folgendermaßen heißen müsste: „Gerlinde, die Schneiderin, die während der Karenzzeit in einer Boutique als Verkäuferin ausgeholfen hat und dann eine Umschulung zur Webdesignerin machte", oder: „Rudolf, der Computer-Programmierer, der Taxifahrer wurde, dann Ökobauer und schließlich Bienenzüchter." Kürzlich lernte ich einen Realitäten vermittelnden und Kapitalanlagen anbietenden Förster kennen. Die meisten Menschen können davon ausgehen, dass sie während ihres Lebens mehrere Berufe ausüben werden.

Peter Nausner, ein renommierter Unternehmensberater, zu dessen Kunden auch das Arbeitsmarktservice zählt, meinte auf meine Frage nach dem „Arbeitsmarkt der Zukunft", dass es ein sehr marktlicher sein wird. Geprägt von sehr hohen Fluktuationen, sehr hohen Flexibilitäts- und Mobilitätsanforderungen und von hohen Ansprüchen der Selbstorganisation. „Es wird ein Arbeitsmarkt sein, wo Menschen neue Formen der Solidarität entwickeln müssen. Dass sich z. B. Pools bilden müssen, wo Leute in einem Netzwerk sind, von dem aus sie in den unterschiedlichsten beruflichen und privaten Lebenssituationen tätig sein werden."

Dr. Hugo Portisch, Journalist und Publizist, verheiratet, 1 Kind

„Als Jugendlicher wusste ich genau, was ich werden wollte – Forschungsreisender. Das war kein Zufall. Nichts interessierte mich mehr als die Bücher, in denen die große weite Welt geschildert wurde, ob das nun die Abenteuergeschichten eines Karl May oder eines Upton Siclair waren, die Zeppelinfahrten Nobiles oder der Wettlauf zum Südpol zwischen Scott und Amundson. Aber dann fand ich heraus, dass es Forschungsreisender als Beruf gar nicht gibt. Und ich musste doch sehr bald eigenes Geld verdienen, auch um mein Studium und mein Leben als Student zu bezahlen. So wandte ich mich dem Beruf zu, der dem des Forschungsreisenden sehr nahe kommt, ich wurde Journalist, und hatte das Glück von Anfang an im außenpolitischen Ressort zu arbeiten. So war es doch die ganze Welt, mit der ich mich nun zu befassen hatte. Und sobald es mir möglich war, und ich meine Herausgeber dafür gewinnen konnte, zog ich selbst in diese weite Welt, die ich immer schon erkunden wollte. Heimgekehrt von diesen Reisen berichtete ich dann in großen Artikel-Serien über meine Erlebnisse und Erfahrungen. „So sah ich ..." - unter diesem Titel berichtete ich von allen fünf Kontinenten, und ausführlicher noch in den Büchern, die den gleichen Titel trugen. Weltpolitik, Außenpolitik, das hieß aber auch immer wieder Stellung nehmen, in einer Zeit, in der auch noch die österreichische Politik wusste, dass man sich sehr um seine Nachbarn, um Europa und auch um die Welt zu kümmern hatte, wenn man sie alle als Freunde behalten wollte. Vom Berichten und Kommentie-

ren in der Zeitung war es dann zwar ein großer, aber durchaus folgerichtiger Sprung in das Medium Fernsehen. Da folgte ich einer Einladung des Bayerischen Fernsehens in München, abwechselnd mit den Chefredakteuren der Süddeutschen Zeitung und des Münchner Merkur, den großen Wochenkommentar am Samstag zu sprechen. Danach war es ein kleiner Sprung das gleiche und noch mehr als Chefkommentator für den reformierten ORF zu tun. Nicht alles was ich damals und seither getan habe, wollte ich wirklich tun, mein größtes Handicap ist ein Erziehungsfehler, das Nein sagen fällt mir schwer, und so lade ich mir oft zu viele Zusagen und Verpflichtungen auf - auch diese hier. Wenn Sie mich danach fragen, was ich in meinem Leben als gute Eigenschaften ansehe, dann würde ich meinen, dass ich immer frei war von Eitelkeit, Neid und Eifersucht. Erfolg habe ich stets als Ergebnis von Arbeit und vor allem als Ergebnis von Freude an der Arbeit angesehen, das heißt diese Freude ist mir auch schon der schönste Lohn. Besonders dann, wenn ich glaube, dass man mit dem Engagement auch etwas für andere tun kann. So war es, als es mir gelang gemeinsam mit anderen Kollegen das erste Volksbegehren der Republik durchzusetzen, und zwar mit Erfolg, denn es hatte die Totalreform des österreichischen Rundfunks bewirkt. Auch die Dokumentationsreihen „Österreich I" und „Österreich II" schienen nicht nur Gerd Bacher sondern auch mir eine Notwendigkeit zu sein, da völlig zu Recht beklagt wurde, dass die Österreicher und insbesondere unsere Jugend mit der jüngeren und jüngsten Geschichte unseres Landes wenig vertraut waren. Das war ungemein aufregend und spannend, denn wir gingen dabei so ziemlich allen wichtigen Ereignissen auf den Grund, wir recherchierten Geschichte so, als würde sie gerade jetzt stattfinden. Das war nicht nur eine ungemeine Bereicherung des eigenen Wissens, sondern brachte immer wieder auch die Erkenntnis, dass es in den meisten Fällen nicht nur eine Wahrheit gibt, sondern dass die Wahrheit oft viele Facetten hat und man sie kaum ausloten kann, wenn man nicht so viele Facetten wie möglich zu erfahren sucht. Aber was immer ich auch tat, war es in allen Bereichen fast immer das gleiche: Neugierig zu sein, den Dingen nachzugehen, möglichst viel zu erfahren, Fakten genau und vollständig zu recherchieren und sie möglichst objektiv darzustellen. Das ist so geblieben bis zum heutigen Tag und wird hoffentlich noch möglichst lange so bleiben: So viel von der Welt zu sehen und so viel wie möglich zu verstehen."

Dr. Hugo Portisch, der auch die bekannte ORF-Sendereihe „Schauplätze der Zukunft" dokumentierte, teilte im Interview die Ansicht, was die Flexibilitäts- und Mobilitätsanforderungen betrifft: „Die Menschen werden nicht mehr gebunden sein an Ort und Zeit, sondern flexibel sein. Es wird bedeutend mehr Möglichkeiten geben als früher, daher auch mehr Herausforderungen und Chancen. Es sei wichtig, unentwegt wissen und lernen zu wollen, Freude dabei zu haben, Chancen zu erkennen und das Beste daraus zu machen."

Aber auch die Flexibilität hat ihre Grenzen. In einem Zeitungsbericht stand, dass in Japan 1200 Roboter entlassen wurden, weil sie nicht flexibel genug waren. „Auch die Grenzen menschlichen Tuns zu finden, das ist Fortschritt!" (Lohberger).

Aus meiner Sicht wird die Arbeit selbst nie ausgehen. Arbeit wird es immer geben. Nur gilt es Arbeit als solche neu zu definieren und neu zu bewerten. Es sollte mehr an Bedeutung gewinnen, zum Großteil noch unentgeltlich getätigte Aufgaben wie z.B. Hausarbeit, Kindererziehung oder Pflegetätigkeiten innerhalb der Familie auch dementsprechend zu honorieren. Jeder hat das Anrecht auf Arbeit, aber nicht das Recht auf einen Arbeitgeber. Viele haben bereits aus der Not eine Tugend gemacht und sich selbstständig gemacht. Ich gehe davon aus, dass das Potenzial noch lange nicht ausgeschöpft ist. Die Entbürokratisierung des Gewerberechtes und eine noch offensivere und fundierte Unterstützung für Unternehmensgründer wäre aus meiner Sicht eine aktive Arbeitsmarktpolitik, die ihren Namen verdiente. Manchmal habe ich den Eindruck, es gehe um ein „Verhindertum" anstatt um Unternehmertum. In Australien genügt oftmals ein Anruf, um ein Unternehmen zu gründen. Hierzulande müssen Jungunternehmer sogar sportliche Qualitäten mitbringen, wenn man bedenkt, dass viele Unternehmensgründer beim bürokratischen Hürdenlauf einem Marathonläufer gleichen. Hier wäre es wünschenswert den Amtsschimmel zum Rennpferd werden zu lassen! Ich teile die Kritik von Matthias Karmasin vom Institut für Medien- und Kommunikationswissenschaft der Universität Klagenfurt, dass „in Österreich ein Jungunternehmer nicht gefahrlos scheitern kann. Entsprechende steuerrechtliche Spielräume und eine finanzielle Risikoverteilung wären notwendig." Schließlich sind Steuern, das predigte uns schon Thomas von Aquin, „ein erlaubter Fall von Raub". Obwohl es der Großteil der Studienabgänger immer noch vorzieht, entweder im öffentlichen Dienst oder in großen Unternehmen zu arbeiten, ist die Anzahl der Neugründungen deutlich gestiegen. Auch wenn im Unternehmertum ein großer Vorteil darin liegt, selbst nicht entlassen werden zu können, muss auch zur Kenntnis genommen werden, dass viele Jungunternehmer wieder scheitern. Unternehmensgründern sei daher ans Herz gelegt, sich nur mit fundierten Branchenkenntnissen in einem Bereich selbstständig zu machen, für den man sich auch begeistern kann. Das Feuer für die Sache muss lodern, um Durststrecken, die es immer wieder geben kann, souverän zu überstehen. Arbeit suchenden Menschen pauschal Faulheit zu unterstellen, weil sie schon länger keinen Job finden ist nicht nur eine oberflächliche Kurzsichtigkeit, sondern enthebt auch die Politik aus ihrer Verantwortung! Folgender Witz bringt es auf den Punkt: Der Bundeskanzler unterhält sich mit einem Arbeitslosen und sagt: „Wenn ich nicht zufällig Bundeskanzler geworden wäre, wäre ich vielleicht heute auch arbeitslos." Sagt der Arbeitslose: "Und wenn Sie nicht Bundeskanzler geworden wären, wäre ich heute nicht arbeitslos!"

„Die Zeit beschert uns viele Genies.
Hoffen wir, es sind ein paar Begabte darunter."
Stanislaw Jerzy Lec

Mit der BERUFUNG kann man subjektive Neigungen, Fähigkeiten, Talente, Interessen und Ziele verwirklichen. Ideal wäre die Synergie von Beruf & Berufung.

Auf einem französischen Flughafen prüfte einmal ein Zollbeamter voller Misstrauen Alfred Hitchcocks Reisepass, indem als Berufsbezeichnung einfach „Produzent" eingetragen war. „Was produzieren Sie denn?" fragte er. „Gänsehaut!" antwortete Hitchcock.

Mein 5-jähriger Sohn weiß bereits jetzt schon, dass er ein Weihnachtsmann werden will. Als ich ihm erklärte, dass er davon nicht leben wird können, erweiterte er seinen Berufswunsch auch noch auf den Osterhasen. Es gibt Menschen, die nur arbeiten, um Geld zu verdienen, denen die Arbeit als Erwerbstätigkeit und weniger als Sinnfindung dient. Es hätte fatale Folgen, wenn es z. B. keine Leichenbestatter mehr gäbe. Auch wenn deren Tätigkeit Gänsehaut bei mir erzeugt, obwohl sie keine Horrorfilmproduzenten sind, habe ich großen Respekt vor diesen Menschen und bin dankbar darüber, dass es sie gibt. Manche hatten keine großen Wahlmöglichkeiten, als den Beruf auszuüben, den sie ergriffen haben, ob aus gesundheitlichen oder aus ganz individuellen Gründen. Leonardo da Vinci meinte: „Wenn wer nicht kann, was er will, soll er wenigstens wollen, was er kann."

In meiner Arbeit als Karriereberaterin habe ich manchen meiner Kunden empfohlen, wenn es wirklich nicht anders geht, ihren Berufstraum zumindest als Hobby auszuüben, damit können sie ihr Talent trotzdem ausleben, ohne ganz darauf verzichten zu müssen.

Künstler leben uns das vor, dass sie jahrelang ihr Hobby ausüben, bis sich dann später ein Beruf daraus entwickeln kann. Manche aber geben zu schnell auf und „schmeißen den Hut drauf", wenn sich der ersehnte Erfolg nicht sofort einstellt oder sich durch andere widrige Umstände verzögert. Ich denke z. B. an einen kaufmännischen Angestellten, der seinen Traum als Musiker aufgegeben hat, weil seine Frau das wollte. Er gab das Trompetenspielen als Ganzes auf und damit auch ein Stück seines Selbst. Es war ihm nicht bewusst, dass er Wahlmöglichkeiten hatte und es auch noch die Alternative gab, seine Begabung als Hobby auszuleben. Oder aber er verlässt seine Frau.

Das wussten schon die alten Chinesen: „Wenn du eine Stunde glücklich sein willst, betrinke dich. Willst du drei Tage glücklich sein, heirate. Willst du für immer glücklich sein, werde Gärtner."

Wir können zwar nicht alle Gärtner werden, aber Sie können der Gärtner Ihres Lebens sein und Ihren „Lebensgarten" gestalten. Es gibt auch Menschen, die einen Beruf ausüben, der sie unzufrieden sein lässt, obwohl sie genau spüren, dass sie einen anderen Auftrag ausführen, als den, den sie selbst wollen. Sie spüren genau, dass sie das gerne verändern würden und auch könnten, wenn sie nur wüssten, wie. Jene Menschen möchte ich hier ansprechen.

Viele wurden in ihrer Berufswahl von ihren Eltern fremdbestimmt und haben gelernt, sich äußeren Anforderungen der Arbeitswelt innerlich anzupassen. Viele steigen so lange in der Hierarchie nach oben, bis sie den höchsten Grad der Inkompetenz erreicht haben – verharren in „Po-sitz-ionen", für die sie nicht geeignet sind oder sie gar nicht interessieren. Das ist eine der größten Vergeudungen an „Human Ressourcen" unserer Gesellschaft. Andere wieder gehören zu den so genannten „Jobhoppern", deren Unzufriedenheit sich in einem orientierungslosen Wechsel der Arbeitsplätze äußert. Fragen wie „Wer bin ich?" oder „Was ist mir in meinem Leben wirklich wichtig?" werden dabei manchmal gänzlich vernachlässigt. Das könnten Ausgangssituationen für eine Neuorientierung sein. Sie suchen Ihre persönliche Berufung? Dann sollten Sie sich wieder auf Ihre wesentlichen Werte Ihres Lebens besinnen. Wenn Sie das Gefühl haben, dass Sie einen Beruf ausüben, der Ihnen von Ihren Eltern vorgegeben wurde, dann fragen Sie sich, ob Sie diesen Auftrag heute noch ausführen möchten.

Ich hatte in den Karriereberatungen oftmals mit Eltern zu tun, denen gar nicht bewusst war, dass sie in ihren Kindern das verwirklicht sehen wollten, was ihnen selbst nicht möglich war. Ungeachtet dessen, dass es vielleicht ihr eigener Wunsch ist, aber nicht der Wunsch ihres Kindes.
Eine 55-jährige Frau, die 40 Jahre lang als Greißlerin im Geschäft Ihres Vaters arbeitete, um dem Wunsch ihres Vaters zu entsprechen, arbeitet heute als Wurstverkäuferin in einer Lebensmittelhandelskette. Auf den ersten Blick würde man meinen, dass sie abgestiegen sei, sie selbst aber strahlt und ist überglücklich, endlich ihr Leben selbst in die Hand genommen zu haben. Sie sagte: „Endlich bin ich erwachsen geworden, alle Verwandten sind mir böse über diesen Schritt, aber ich bin zufrieden. Und das ist die Hauptsache!"

Jenseits äußerer Wertmaßstäbe und ungeachtet dessen, welchen Beruf auch immer Sie ausüben, entscheidend sollte sein, ob Sie zufrieden sind, und nicht, was andere darüber denken. Wer seinen eigenen Weg geht, den kann niemand überholen!

Karlheinz Böhm, deutscher Filmstar und Gründer der Hilfsorganisation „Menschen für Menschen" verheiratet, 2 Kinder

„Ich habe erkannt, dass man sich nur weiterentwickelt, wenn man zu dem steht, was man tut. Ich konnte mit der Rolle als Kaiser Franz Josef und den Sissi-Filmen einer ganzen Generation Freude machen. Heute schenken sie mir ihr Vertrauen für meine Arbeit mit ‚Menschen für Menschen'. Ich sehe mich auch heute noch als Schauspieler, wie ich es vor 20 Jahren war. Das Einzige was ich gemacht habe, ist, dass ich die Maske abgelegt habe und das Kostüm. Ich spiele jetzt keine andere Rolle, sondern ich spiele mich selbst. Ich setze meine eigenen kritischen Beobachtungen um. Es war ursprünglich die Idee, was zu verändern, um den Kampf gegen Armut und Hunger aufzunehmen. Und vor allem auch gegen den Hungertod auf unserer Welt. Meine Wut motivierte mich, die Diskrepanz zwischen Arm und Reich zu verringern. Es gibt keine erste, zweite oder dritte Welt, sondern nur eine. Sich zu engagieren, heißt auch eigennützig zu handeln: Wenn wir Afrika nicht helfen, kommt Afrika zu uns. Ich hatte kein Konzept im Kopf, aber ich wollte etwas machen. Und daraus ist die Idee ‚Menschen für Menschen' entstanden."

Lassen Sie sich durch die Ansicht vieler Mitmenschen, dass zwar viele berufen, aber nur wenige auserwählt seien, nicht gleich entmutigen!

Wenn Sie zur Überzeugung gelangen, dass es für Sie auf dieser Erde eine Aufgabe, eine Sendung gibt, die nur Sie erfüllen können, werden Sie einsehen, dass es nicht nötig ist, sich mit anderen zu vergleichen. Jeder von uns hat einen einzigartigen Auftrag zu erfüllen. Es steht der Mensch in einem doppelten Auftrag: „Die Welt zu gestalten im Werk und zu reifen auf dem inneren Weg." (Dürckheim)

Veränderungen dürfen auch schrittweise verlaufen. Alte Gewohnheiten müssen Sie nicht auf einmal aus dem Fenster werfen, Sie können sie auch wie einen Gast zur Haustüre begleiten.

„Bereit zu sein ist viel, warten zu können ist mehr, doch den richtigen Augenblick zu nützen ist alles." (Arthur Schnitzler). Auch Bertolt Brecht erkannte, dass es für die, deren Zeit gekommen ist, nie zu spät ist!

Ich selbst hatte jahrelang das Gefühl, als würde ich meinem Familiensystem untreu werden, indem ich die Einzige war, die den Schritt in die berufliche Selbstständigkeit wagte. Aber dieser mühsame Prozess hat sich gelohnt, denn es ist mein Weg! Es kommt nicht nur darauf an, Ihre Stärken zu stärken, sondern dass Sie auch lernen, zu Ihren Schwächen zu stehen und Ihr eigenes Leben zu wagen! Es gibt die unterschiedlichsten Beweggründe, um einen bestimmten Beruf zu wählen:

Als Kind wurde ich abgelehnt,
hab' mich nach Zuwendung gesehnt,
drum bin ich heut'
Psychotherapeut.

Walt Disney sagte bei seiner letzten Oscarverleihung auf die Frage, warum er seine Arbeit machen würde: „Für mich zählt jedes Kinderlachen tausendmal mehr als jeder Preis. Ich möchte den Menschen Freude machen". So einfach kann eine Vision beginnen und ein Weltkonzern daraus werden. Friedrich Schiller sagte, dass seine beste Freundin seine Tätigkeit sei, sie mache ihn glücklich in ihm selbst. Rainer Maria Rilke bekam einen Brief von einem Schüler, der ihn danach fragte, ob er Dichter werden sollte. Da schrieb ihm der Schriftsteller zurück, dass er nicht ihn fragen sollte, was er werden sollte, sondern, wenn er morgens aufwacht und an nichts anderes mehr denken kann, als Dichter zu sein, dann ist er einer!

DJ Ötzi eroberte mit „Hey baby" die Welt und wurde zum heißesten Exportartikel in Sachen Austropop, obwohl er in Musikerziehung einen Fleck hatte. Mal ehrlich, wer hätte sich gedacht, dass „Arnie", als er nach Hollywood ging, Gouvernator Kaliforniens wird? Die Opposition wünsche sich nun einen türkischen Landeshauptmann in Kärnten. Aber wer will schon Politiker werden? Alles versprechen und nichts halten. Da halte ich es lieber damit, dass ich nichts verspreche, aber das halte ich dann auch! Nicht auf die Schulnoten kommt es an, sondern auf das Talent! Mittlerweile nehmen heimische Politiker sogar Gesangsunterricht, um im Wahlkampf zu punkten. Die Frage ist nur, ob sie möglicherweise die Wahl nur deshalb gewinnen, damit sie endlich aufhören zu singen. Brigitte Neumeister erzählte in einer Brieflosshow: „Ich hab von der Stadt Wien eine Auszeichnung, dann hab ich das Goldene Ehrenzeichen für Wissenschaft und Kunst, dann habe ich die ‚Romy‘ gekriegt, eine Rose wurde nach mir benannt, jetzt bin ich Professorin geworden und wenn ich jetzt noch die Matura mach, dann hab ich alles."

Albert Einstein sagte: „Das Wertvollste im Leben ist die Entfaltung der Persönlichkeit und ihrer schöpferischen Kraft." Er gehörte sicherlich zu jenen Individualisten, der den Mut hatte, die Konvention und Anpassung zu verlassen. „Ein Genie", sagen wir als Rechtfertigung, also eine bewundernswerte Ausnahme. Muss man ein Genie sein, um seine schöpferischen Kräfte voll zu entfalten? Einstein wollte ein Geiger werden - er nahm viele Unterrichtsstunden, es klappte aber nicht, denn er hatte großes Talent in Physik und Mathematik! Sie sollten nicht versuchen, etwas zu erzwingen. Auch wenn Sie sich berufen fühlen, ist es wichtig, darauf zu achten, welches Talent Sie wirklich haben! Aber auch da gibt es Ausnahmen: Denn wie könnten wir uns sonst erklären, dass Hansi Hinterseer als Sänger so erfolgreich ist?

Die algerische olympische Läuferin Hassiba Boulmerka hätte nie an den Olympischen Spielen in Barcelona teilgenommen, wenn sie auf ihre besorgte Familie gehört hätte. Die Islamisten wetterten gegen die Sportbekleidung der Athletinnen, trainieren musste sie im Ausland. Sie nahm diese Strapazen auf sich, weil sie von einem Algerien träumte, in dem Frauen zeigen dürfen, was sie können. Wer träumt nicht von der Entdeckung seiner verborgenen Talente, von der Verwirklichung seines Potenzials, von der Entfaltung seiner Persönlichkeit und seiner schöpferischen Kraft? Und wovon träumen Sie? Welchen „geheimen Auftrag" wollen Sie erfüllen? Den Wünschen Ihrer Eltern, Ihrer Familie, Ihrer Umgebung entsprechen? Oder wollen Sie Ihre Persönlichkeit und schöpferische Kraft entfalten, um Ihr Talent zu Ihrer Berufung zu machen, und Ihr eigenes Leben wagen? Ihre Nachbarn sollten dabei keine Rolle spielen, aber wenn Sie in einer Partnerschaft leben und Kinder haben, wird es wichtig sein, diese in Ihre Pläne einzubeziehen. Es geht nicht darum, Rücksichtslosigkeit auf dem Egotrip zu zelebrieren. Eine Balance zu finden, um seine eigenen Pläne zu verwirklichen unter Berücksichtigung jener Menschen, die einem wichtig sind, das kann eine schöne Herausforderung sein.

Arbeitsmarkt- und Beschäftigungspolitik:

Mag. Karl Heinz Snobe, Landesgeschäftsführer des Arbeitsmarktservice Steiermark, lebt in Lebensgemeinschaft, 1 Kind

„Persönlicher Erfolg heißt für mich, dass ich mein jeweiliges Berufsziel gut in Einklang bringen kann mit meiner persönlichen Befindlichkeit. Zunächst ist es wichtig, für meine Familie, für meinen Sohn und meine Lebensgefährtin ausreichend Zeit zu haben. Auch für meine Hobbys und entsprechende Entspannungs- und Ruhephasen muss Zeit bleiben. Mein bisher größter Erfolg war zweifelsohne, als junger Landesgeschäftsführer im Arbeitsmarktservice bestellt zu werden. Arbeit suchenden Menschen empfehle ich, Augen und Ohren offen zu halten und die Angst vor der Zukunft nicht zu groß werden zu lassen. Es gibt, wenn man sich ernsthaft nach einem Job umsieht, in den meisten Fällen Lösungen, die zu finden es manchmal länger dauert. Niemand sollte sich scheuen, dabei professionelle Hilfe in Anspruch zu nehmen. Damit meine ich nicht ausschließlich das AMS. Arbeitslosigkeit ist gerade in diesen Zeiten keine Schande mehr, es ist wichtig, die Phase als Aufgabenstellung, als überwindbare Hürde oder als Herausforderung zu sehen und damit professionell umzugehen. Ich selbst habe viele Vorbilder, zu denen auch einige meiner Vorgesetzten zählten und zählen. Wer als Führungskraft im Management tätig ist, sollte ‚die Zeit davor' nicht vergessen. Damit meine ich, die Phasen der eigenen Orientierung im Auge

zu behalten, sich zu vergegenwärtigen, wo damals die Hilfestellungen gefunden wurden. Damit kann man dann selbst andere beim Weiterkommen unterstützen. Das ist eine der wichtigsten Aufgaben von Führungskräften! Der Arbeitsmarkt der Zukunft wird hochflexibel sein, die gängigen Angestelltenverhältnisse wird es in dieser Form immer weniger geben. Es werden neue Herausforderungen auf die Arbeitnehmer/innen zukommen, insoferne sie einen Gutteil ihrer beruflichen Entwicklung eigenverantwortlich selbst übernehmen werden müssen. Aber: bis das wirklich funktioniert, braucht es kompetenter Hilfestellungen. Das AMS kann das nicht alleine schaffen, sondern wird in einem Netzwerk tätig sein. Mit diesen grundsätzlichen Veränderungen setzen sich Arbeitnehmer und Unternehmer aber noch viel zu wenig auseinander. Diese neuen Arbeitsformen müssen auf die Anforderungen der sozialer Absicherung abgestimmt werden. Die Politik ist hier gefordert, eine Grundsicherung für die Zeit der Nichterwerbsfähigkeit für die Selbstständigen und Unselbstständigen zu kreieren. Diese Grundsicherung wird sich auf die Eigenverantwortung stützen, das öffentliche soziale Netz darf aber nicht weitmaschiger werden. Für ganz wichtig halte ich es, dass man jene wissenschaftlichen Erkenntnisse ernst nimmt, die die Vorurteilslosigkeit von Kindern im Alter von vier, fünf, sechs Jahren gegenüber Berufsorientierungen herausstellen. Wenn man etwa fünfjährige Mädchen danach fragt, was sie einmal werden wollen, können sich 50% der Befragten durchaus vorstellen, in einem typischen Männerberuf zu arbeiten. In diesem Alter wirken diese geschlechtsspezifischen Einflüsse der Gesellschaft eben noch kaum. Hier wäre eine altersgerechte Auseinandersetzung mit der Arbeits- und Berufswelt also durchaus angebracht, um dem am Arbeitsmarkt unerwünschten Effekt für die Zukunft entgegenzuwirken, dass 80% der Mädchen die drei typischen weiblichen Lehrberufe anstreben."

Karl Heinz Snobe erlebte ich in unserem Interview als sehr engagierten Arbeitsmarktexperten, der sich in einer erfolgsorientierten Leistungsgesellschaft weniger für die Symptombekämpfung als vielmehr für fundierte Ursachenforschung und langfristig nachhaltige Lösungsstrategien stark macht. So belegt etwa eine neue Studie, dass viele der aktuell angewandten Arbeitsmarkt-Fördersysteme mehr die ‚Insider' stützen, also diejenigen, die ohnehin bessere Voraussetzungen für Arbeitsaufnahme und Berufseinstieg mitbringen. Hier will sich der Landesgeschäftsführer des steirischen Arbeitsmarktservice in Zukunft verstärkt auf die so genannten ‚Outsider' konzentrierten. Es sollen tauglichere Strategien in der Auseinandersetzung entwickelt werden, um letztendlich diejenigen besser unterstützen zu können, die es am notwendigsten brauchen. „Das muss auch in unserer ziel- und ergebnisorientierten Arbeitsgesellschaft möglich sein, zu der sich das AMS im Übrigen ausdrücklich bekennt", betont Snobe. „Auch wenn es größere Mühe macht, in dieser Zielgruppe Erfolge einzufahren und die Fördermittel von messbaren Ergebnissen abhängen." Der ‚schnelle Gewinn', so Snobe, könne hier rasch in eine sehr nachteilige und gesellschaftlich unerwünschte Entwicklung umschlagen. Es ist unmittelbar einleuchtend, dass die Schwächeren in der Arbeitsgesellschaft die größere Unterstützung brauchen. In die Lösungsprozesse dieser Aufgabenstellung sind sowohl Arbeitgeber als auch Arbeitnehmer einzubinden. Das AMS Steiermark hat zu diesem Thema einen europaweit einzigartigen Kongress, die „Grazer Denkwerkstätte" zum Thema Arbeitsmarkt- und Beschäftigungspolitik ins Leben gerufen, die alle zwei Jahre unter Teilnahme von internationalen Experten stattfindet. Hier setzen sich Wissenschaftler/innen und Praktiker/innen, abseits vom arbeitsmarktpolitischen Tagesgeschäft, intensiv mit Fragen der modernen Arbeitswelt auseinander. Arbeitslose sind schlecht bis gar nicht organisiert, sie haben keine Lobby, wie die Beschäftigten und die Unternehmer, für deren Interessen sich einerseits Gewerkschaft und Arbeiterkammer, andererseits Wirtschaftskammer und Industriellenvereinigung einsetzen. Deshalb soll das AMS auch so etwas wie eine Sprachrohrfunktion der Arbeitslosen erfüllen, die Arbeitslosen müssen zu Wort kommen, weil sie mit Sicherheit Wichtiges zu ihrer eigenen Situation zu sagen haben. Snobe ist überzeugt, dass AMS-Förder- und Unterstützungsprogramme, die ohne Hereinnahme und das Ernstnehmen der Positionen der Arbeitslosen selbst, also der Zielgruppe dieser Maßnahmen, entwickelt werden, nur mäßig erfolgreich bleiben werden.

Einfluss gesellschaftlichen Wertewandels auf die Arbeitswelt:

Prof. Rolf Wunderer und Dr. Petra Dick schrieben in Ihrem ausgezeichneten Buch („Personalmanagement – Quo vadis?, erschienen im Luchterhand Verlag), dass der gesellschaftliche Wertewandel die Einstellung zum Beruf und die Erwartungen an die Arbeitswelt prägt. „ Korrespondierend zur allgemeinen Werteentwicklung suchen Beschäftigte vermehrt nach neigungsgerechten, herausfordernden Aufgaben und Entwicklungschancen. Auch persönliche Unabhängigkeit und Freiräume bei der Arbeit haben große Bedeutung. Komplementär dazu wird die Bereitschaft zu hierarchischer Unterordnung, zu Gehorsam und Fremdsteuerung abnehmen und einem wachsenden Bedürfnis nach Mitwirkung und Selbststeuerung weichen."

Führungskräfte und Mitarbeiter können nicht grenzenlos flexibel, mobil, lern- und leistungsfähig und gleichzeitig kooperativ und loyal sein oder werden. (Sennett 1998) Jede Ressource muss gepflegt werden. Personelle unterscheiden sich darin von materiellen Ressourcen, wie Finanzen oder Rohstoffen, dass sie einen eigenen Willen, eigene Werte und Interessen und deshalb einen besonderen Stellenwert haben. So schätzen die befragten Personalchefs der Studie von Prof. Wunderer & Dr. Dick die Bedeutung der „Balance zwischen Arbeits-, Frei-, Familien- und Lernzeit" als entscheidendes Bedürfnis leistungsstarker Führungskräfte und Mitarbeiter ein. Dies schließt eine Auseinandersetzung mit Wertvorstellungen ein - eine Aufgabe, die von den Befragten hoch gewichtet wurde."

Folgende Ergebnisthesen haben sich aus dieser Umfrage ergeben:

1.　　　**Erwerbstätige suchen mehr Lebensgenuss:** Das „calvinistische Arbeitsethos wird durch den wachsenden Trend in Richtung Hedonismus in den Hintergrund rücken: Man arbeitet, um zu leben – und nicht umgekehrt.

2.　　　**Weniger Karrierestreben, mehr Sinnsuche:**

Die klassische Karriereorientierung (Streben nach Aufstieg, Status mit hohem Einkommen) verliert an Attraktivität. Sinngebende „alternatives Engagement" gewinnt an Bedeutung.

3. **Work-Life-Balance wir ein zentrales Laufbahnziel:** Immer mehr Menschen – auch Führungskräfte – streben eine Entfaltung in verschiedenen Lebensbereichen an.

4. **Widersprüchliche Grundhaltungen der Unternehmensleitungen** gegenüber Mitarbeitern und Personalmanagement: Auf der einen Seite wird eine Aufwertung der Human Ressourcen und der Personalarbeit („Der Mensch wird Mittelpunkt") prognostiziert, auf der anderen wird eine verstärkte Instrumentalisierung der Human Ressourcen („Der Mensch wird Mittel. Punkt") erwartet.

5. **Mit Problemfeldern und Paradoxien umgehen:** Der Umgang mit den Spannungsfeldern „Beruf – Familie/ Freizeit" und „Erwerbstätige – Erwerbslose" sowie die Integration pluralistischer Werte sind die wesentlichen Aufgaben des Personalmanagements 2010.

In dieser Studie wurde festgestellt, dass die Experten relativ einhellig sind, dass der Arbeitsmarkt 2010 von qualifizierten Ungleichgewichten geprägt sein wird. „Viel weniger Einigkeit bestand darin, bei welchen Berufen ein Überangebot bzw. Mangel herrschen wird. Hier wurden sehr unterschiedliche Meinungen geäußert. Ein Überangebot wird u.a. bei unqualifizierten Arbeitnehmern, bei Beschäftigten der Industrie sowie bei Akademikern im allgemeinen gesehen. Demgegenüber steht ein Mangel an Informatikern, IT-Spezialisten sowie international orientierten Arbeitnehmern, also gerade an jenen Qualifikationen, die infolge der wirtschaftlichen und technologischen Entwicklung besonders bedeutsam werden."

Jenseits der jeweiligen Arbeitsmarktsituation, halte ich es für legitim und wichtig, dass es Menschen gibt, die auch im Beruf ihre Selbstverwirklichung suchen und ihre Visionen umsetzen. Apropos Selbstverwirklichung: Wen sollte man verwirklichen, wenn nicht sich selbst? Georg Bernard Shaw erkannte: „Dass der vernünftige Mensch sich an die Welt anpasst. Der Unvernünftige versucht jedoch beharrlich die Welt an sich anzupassen. Daher hängt jeglicher Fortschritt von den Unvernünftigen ab." Auch Innovationen und neue unternehmerische Ideen beruhen oft auf „unvernünftigen" Ansätzen. Glauben Sie, dass Disney World entstanden wäre, wenn Walt Disney „vernünftig" gewesen wäre? Während ihn alle für verrückt hielten, war er konsequent dabei seine Vision in die Realität umzusetzen und seinen Traum zu verwirklichen.

Setzen Sie Ihre Visionen um, noch bevor Sie den gefährlichsten aller Berufe angehen - den des Pensionisten hat noch keiner überlebt!

Es ist die schönste Belohnung, wenn man mit Befriedigung sagen kann, dass man alles für einen Traum riskiert hat! Schließlich zeigt eine Studie vom Max Planck-Institut: Zu 98 Prozent bereuen alte Menschen nicht Fehler, sondern Versäumnisse ihres Lebens. Dass sie nicht mutig genug waren, Chancen wahrzunehmen. Welche Chancen möchten Sie in Ihrem Leben wahrnehmen?

- **Mein Berufswunsch:**

....

....

....

....

- **Meine Träume:** (Im Kapitel Zielfindung finden Sie Übungen, um Ihre Träume auszugraben)

....

....

....

....

- **Meine Visionen:**

....

....

....

....

„Vertraue auf dich selbst,
segne die Gegenwart
und erwarte das Beste."

N.N.

5. LAUFBAHNENTWICKLUNG

Ich hatte in meiner Tätigkeit als Karriereberaterin in einem Projekt von Dr. Othmar Hill in Wien mit einer Vielzahl von Kunden zu tun, die auf der Suche nach einer Neuorientierung waren. Es handelte sich dabei um Jugendliche, die am Berufsanfang standen, aber auch um Erwachsene, die einen Beruf ausübten, der sie unzufrieden sein ließ. Arbeit suchende sowie berufstätige Personen, die durch Coaching Unterstützung für ihre Arbeitssituation brauchten oder ihre Persönlichkeit weiterentwickeln wollten, zählten genauso zu unseren Kunden als auch Unternehmensgründer, die Hilfe im Gründungsstadium suchten. Wir arbeiteten damals in der Karriereberatung sehr viel mit computerstandardisierten Interessen-, Leistungs- und Persönlichkeitstests. Mir fiel immer wieder auf, wie sehr die meisten Menschen nach einer außenorientierten Anleitung verlangten. Für mich waren diese Tests lediglich Hilfsmittel. Nicht mehr und nicht weniger. Denn es ist mir im persönlichen Gespräch viel besser gelungen, den Menschen in seiner Einzigartigkeit zu erfassen und einzuschätzen. Und doch war es für viele einfach überzeugender, wenn sie das Ergebnis „schwarz auf weiß" per Computerausdruck vor sich hatten. Ich denke, Tests können lediglich eine Momentaufnahme sein, und die Antworten auf ihre Orientierungssuche waren immer schon im Kunden selbst vorhanden. Es galt diese „Schätze" im persönlichen Gespräch zu heben, diese auf Realisierbarkeit zu hinterfragen und sie in ihren Entscheidungen zu ermutigen.
Wenn Sie auf Ihre bisherige Laufbahnentwicklung zurückblicken, wird es Ihnen vielleicht auch auffallen, dass sich manche Weggabelungen, die Sie damals als schwierig empfunden haben, rückblickend als sinnvoll herausstellten. Ich dokumentiere bereits über einen Zeitraum von zehn Jahren meine Laufbahnent-

wicklung. Ca. jedes halbe Jahr setze ich diese fort. Es ist immer wieder sehr spannend für mich, diese durchzulesen. Bevor ich meine Ausbildungen im zweiten Bildungsweg für meinen jetzigen Beruf zur Sozial- und Berufspädagogin und zur Lebens- und Sozialberaterin absolvierte, arbeitete ich in den verschiedensten Branchen als Spediteurin, Sekretärin, Verkäuferin, Vertreterin, Auslagendekorateurin, Tanzlehrerin, Serviererin und auch als Stubenmädchen. Das einzige das ich mit Sicherheit wusste: dass ich keine Leichenbestatterin werden will. Immerhin! Ich wusste damals einfach nicht, welchen Beruf ich ausüben will. Ich suchte eine Beraterin auf, der ich heute noch sehr dankbar bin, um der Ursache meiner Inkontinuität und Unzufriedenheit auf den Grund zu gehen. Während eines dieser Gespräche hatte ich plötzlich eine innere Gewissheit und wusste: Irgendwann werde ich auf der anderen Seite des Schreibtisches sitzen. Rückblickend kam mir meine damalige Orientierungslosigkeit, von einem Job zum anderen zu wechseln, später als Karriereberaterin sehr zugute! Daher kann es auch sinnvoll sein, Ihre Laufbahnentwicklung schriftlich zu dokumentieren, um eine Übersicht über die Ereignisse zu bekommen. Diese lassen sich in der Rückschau sehr oft als wegweisend oder nutzbringend für die weiteren Laufbahnstationen erkennen.

Interview Leo Lukas, Kabarettist, Autor, Komponist, Regisseur geschieden, 2 Kinder

„Als Vierjähriger habe ich mir selbst das Lesen beigebracht. Manchmal hat mich mein Vater ins Wirtshaus mitgenommen, da bin ich dann auf den Tisch gestellt worden und habe aus der Zeitung vorgelesen beziehungsweise Lieder zur Musicbox gesungen. Dafür habe ich dann ‚Schilling-Schnitten' bekommen. Da habe ich mir gedacht, das wäre eigentlich kein schlechter Beruf. Unfähig, einen guten Schmäh nicht zu reißen, wenn er sich anbietet, das war ich schon von klein auf. Ich war gleichzeitig Klassenkasperl und bester Schüler. Ich hatte immer nur in Turnen und Betragen schlechtere Noten. Im ersten Schulaufsatz habe ich als Berufswunsch Dreher angegeben, weil ich von meinem Onkel gehört hatte, das sei ein lässiger Beruf. Ein

Schulkollege hat geschrieben, dass er gerne Sänger werden will – der ist dann Dreher geworden. Schon meine Mutter sagte: ‚Dass du auch immer mit einem Hintern auf sieben Leintüchern liegen willst!‘. Nun, zumindest privat bin ich mittlerweile zum Monogamismus konvertiert. Aber beruflich versuche ich immer noch, abwechselnd sehr vielen sehr unterschiedlichen Interessen nachzugehen. Ich nenne das mein „Tätigkeits-Portfolio": Auftreten, Komponieren, Inszenieren – und natürlich Schreiben, von kurzen Satiren über Reportagen, Kindertheaterstücke und Libretti für Musicals bis hin zu Romanen. So habe ich nicht nur mehrere Standbeine, sondern entgehe auch der Gefahr, einseitig und betriebsblind zu werden. Früher habe ich manchmal bis zu zweihundert Auftritte pro Jahr gespielt. Da siehst du dann überhaupt nur mehr Bühnen, Hotels und Wirtshäuser. Das ist erstens nicht sehr gesund und zweitens ein Widerspruch, denn als Satiriker sollte man ja voll im Leben stehen. Mein erster längerer Text, ein pubertäres Romanfragment, wurde in der Zeitschrift ‚Sterz‘ abgedruckt. Kabarettist bin ich geworden, als ich draufkam, dass man damit bedeutend mehr Publikum erreichen kann als mit hochliterarischen Lesungen. Anfangs trug ich Chansons vor, und zwar erbärmlich schlecht. Weil das so nicht weitergehen konnte, besuchte ich Workshops für Bewegungstheater, Pantomime, Modern Dance, Jonglieren et cetera, nahm Sprech- und Gesangstunden und erweiterte meinen musikalischen Horizont, indem ich immer wieder mit sehr guten Musikern arbeitete, vor allem aus dem Jazz- und Avantgarde-Bereich. Naja, und irgendwann ist wohl aus allen diesen Einflüssen ein persönlicher Stil geworden. Nachdem ich als freier Mitarbeiter bei der ‚Kleinen Zeitung‘ in der Lokalredaktion tätig war, wechselte ich dann in die Kultur und wurde später Jazzkritiker, Kolumnist und gelegentlicher politischer Kommentator. Die Wahl, ob ich Außenpolitik-Redakteur oder doch lieber hauptberuflicher Kabarettist werden wolle, wurde mir abgenommen. Puh! Heute bin ich ziemlich froh darüber, denn viele meiner ehemaligen Kollegen klagen, dass es seither wesentlich unlustiger geworden ist. Erst vor einigen Jahren habe ich mich wieder vermehrt der Schriftstellerei zugewandt, jetzt vor allem im Bereich Sience Fiction. Inzwischen zähle ich zu den bekanntesten deutschsprachigen Autoren dieses Genres. Meine

Gesamtauflage dürfte bereits eine Million Exemplare überschrit-
ten haben, hauptsächlich natürlich wegen meiner Beiträge zur
Perry Rhodan-Serie. Ich war anfangs schon sehr von meinem
Genie und Sendungsbewusstsein überzeugt und immens geil
darauf, berühmt zu werden. Heute, reifer und distanzierter ge-
worden, würde ich wohl Vieles so nicht mehr machen. Es sind
doch zwei Ehen und etliche Beziehungen nicht zuletzt auch
deswegen gescheitert. Anderseits stellt sich die Frage, ob ich so
weit gekommen wäre, wenn ich es nicht so intensiv angegangen
wäre. Heute ist mir das Privatleben jedenfalls wichtiger, ich ar-
beite weniger, aber dafür disziplinierter, und nehme mir bewusst
mehr Zeit für meine Herzliebste und die beiden Töchter."

Nicht jeder pubertierende Pausenclown hat später das Zeug zum
Kabarettisten. Für viele Jugendliche beginnt dann der „ Ernst des
Lebens". Nicht jeder hatte die Möglichkeit seinen Beruf selbst
zu bestimmen. Viele wurden von ihren Eltern oder von anderen
Personen in ihrer Berufswahl fremdbestimmt und suchten in den
Beratungen nach einer neutralen Person, die ihnen dabei helfen
sollte, sich von dieser „Altlast" zu befreien, um einen Weg zu finden, dieses Muster aufzulösen. Bei diesen Gesprächen war es natürlich notwendig, sich auf einen längeren Prozess einzulassen.
„Ich habe mein ganzes Leben Angst gehabt, die Angst ist mein
Problem", so beginnt ein in den Fünfzigerjahren stehender Abtei-
lungsleiter das Gespräch. „Jedes Mal, wenn das Telefon läutet,
erschrecke ich: Ist es wohl der Vorstandsdirektor? Was wird er
noch hinzufordern, noch mehr Plansoll für meine Abteilung? Ich
weiß zwar, dass der Großteil meiner Leistungen akzeptiert, ja
geschätzt werden. Trotzdem gerate ich dann in eine Sandwich-
position: von oben der Druck und von unten die Unzufriedenheit.
Mein Vater starb früh, ich wurde von meiner Mutter umhätschelt
und umsorgt. Stets hatte sie Angst um mich. Eigentlich hätte ich
einen handwerklichen Beruf gewünscht – aber Mutter wünschte,
dass ich studiere „etwas Besseres" werde. Wie undankbar von
mir, wenn ich „ihre Mühe" nicht mit Fleiß beantwortet hätte! So
schaffte ich eben das Gymnasium, mit Mühe auch die Universität.
Mutter war stolz auf mich. Im Innersten aber verachtete ich mich.
Ich war ja gar nicht ich. Ich war ihr Produkt, ihr Aushängeschild.

Seht, mein Sohn! Was habe ich arme Witwe doch zustande gebracht! – Natürlich durfte ich sie nicht hassen, ich war ihr ja Dank schuldig. Ja, Sie sehen, ich bin ein gut funktionierender Bürger, brav angepasst! Mein Sohn ist ein Aussteiger geworden. Er weigert sich, trotz der guten Vordiplomprüfungen, sein Studium zu beenden. Gelegentlich übernimmt er einfache Arbeiten bei einer Baufirma, damit er wieder Geld zum Leben und vor allem zum Reisen hat. Was wird aus ihm werden? Das macht mir und meiner Frau Angst." Diese skizzenhaften Erlebnisberichte berühren verschiedene Aspekte: Die Frage stellt sich, welche Rolle der Aussteiger-Sohn im Familiensystem zu spielen hat. Muss er nicht unbewusst die ungelebten Wünsche seines Vaters ausleben? Er wagt es nun, nein zu sagen zum Studium, einfache Arbeiten mit seinen Händen zu verrichten, daneben jugendliche Sehnsüchte nach der Ferne zu realisieren, die er sich selbst verwehrt hatte.
Die Grundangst wurde zum Symptom für ein „Leben aus zweiter Hand", das dieser Mann gelebt hatte. So gesehen wurden seine Symptome zu seinen Verbündeten. Dies wurde zu seiner Chance, diese zu hinterfragen, das Muster, das sich dahinter verbarg, zu erkennen, aufzulösen und sein eigenes Leben zu wagen!

> *„Nichts hat psychologisch gesehen einen stärkeren Einfluss auf ihre Kinder als das ungelebte Leben der Eltern."*
> *C. G. Jung*

Oftmals werden auch eigene unrealisierte Wünsche auf die Kinder übertragen. Dies geschieht zwar in guter Absicht, dass die Kinder endlich das erreichen sollten, was einem selbst nicht möglich war. Aber es sind nicht die Wünsche der Kinder, selbst wenn es noch so gut gemeint sei! Auch dieses Buch kann das persönliche Gespräch nicht ersetzen, aber der nachfolgende Fragebogen gibt Ihnen die Möglichkeit, sich selbst bestimmte Muster in Ihrer Laufbahnentwicklung bewusst zu machen. Sie werden Verhaltensmuster oder wichtige Themen in den Antworten erkennen, die bestimmten Ereignissen zugrunde liegen und deren Ursachen zu orten. Nehmen Sie sich genügend Zeit dafür die Fragen in Ruhe zu beantworten.

LAUFBAHNANALYSE

- Welche Interessen hatte ich als Kind und was machte mir in meiner Kindheit besonders viel Spaß?

- Was wollte ich als Kind werden?

- Wessen Berufslaufbahn beeindruckt mich besonders?

- Berufslaufbahn meiner Eltern:

- Welche Berufe lehne ich ab?

- Welche Berufe faszinieren mich?

- Welche Schulen/Ausbildungen habe ich besucht?

- Wie ist es zur Wahl dieser Schulen/Ausbildungen gekommen?

- Aus welchem Grund habe ich mich für diese Richtung entschieden?

- Was empfinde ich heute im Hinblick auf diese Entscheidung?

- Wie ist es zur Wahl meines bisherigen Berufes gekommen?

- Aus welchem Grund habe ich mich dafür entschieden?

- Was empfinde ich im Hinblick auf diese Entscheidung?

- Wer hat meine Berufswahl beeinflusst?

- Welche Interessen und Desinteressen lassen sich in meiner bisherigen Ausbildung bzw. Berufspraxis erkennen?

- Wer übte den positivsten und negativsten Einfluss auf meine Entwicklung aus? In welcher Weise?

- Was war mein bisher größter Erfolg?

- Was war mein bisher größter Misserfolg?

- Was habe ich daraus gelernt?

- Was würde ich rückblickend anders machen?

- Haben sich meine Berufswünsche im Laufe der Zeit verändert? Wenn ja, in welcher Weise?

- Wie arbeite ich am liebsten?
  Beschreibung meiner Arbeitsgewohnheiten:

- Wie möchte ich, dass mein Leben in 10 Jahren aussieht?

- Was würde ich rückblickend auf mein Privatleben und mein Berufstätigkeit gerne sagen können?

- Was werde ich in meinem Leben ändern, um rückblickend sagen zu können: „ Ich habe mein Leben gelebt!"

Bitte verwenden Sie dazu auch den Zielrahmenfragebogen im letzten Kapitel.

„Der Langsamste, der sein Ziel
nicht aus den Augen verliert,
geht immer noch schneller
als der, der ohne Ziel herumirrt."
G. E. Lessing

6. ZIELFINDUNG & POTENZIALANALYSE

Zielfindung

Der bekannte Managementberater und Autor Reinhard K. Sprenger ist der Auffassung, dass Ziele auf das Gefühl des Mangels
hinweisen. Dass etwas „noch nicht" so ist, wie es sein sollte und
dies zur Abwertung der Gegenwart führen würde. Dass man nie
da sei, wo man ist. Die Frage, was nun wichtiger sei, der Weg
oder das Ziel, beinhaltet zwei Gegenpole, wobei das eine das
andere nicht ausschließen muss. Auch wenn Wege ohne Ziele
möglich sind, aber Ziele ohne Wege nicht, ist es wichtig, Ziele klar
zu definieren. Und dabei muss man nicht zwingend die Gegenwart und den Weg dorthin, zum Ziel, abwerten. **Wenn Sie Ihr Ziel
nicht kennen, woran sollten Sie dann erkennen, dass Sie angekommen sind? Wer kein Ziel hat, kann ja auch keines erreichen.**
Bernhard Lassahn zitierte Georg Kreisler: "Eigentlich hat jeder
Künstler seinen Beruf verfehlt: Die besten Dirigenten sind Schauspieler, die besten Schauspieler Dirigenten, Maler sind Priester,
Tänzer sind Dichter und Dichter Tänzer. Nur Tenöre sind Tenöre."
(Dorn im Ohr/Diogenes 1982). Gott sei dank trifft das nicht auf alle
zu. Prof. Udo Jürgens lebt uns das als erfolgreicher Künstler, der
seine Berufung in der Musik gefunden hat, vor.

Interview Prof. Udo Jürgens, Musiker, Sänger, Komponist,
verheiratet, 4 Kinder

„Die Selbstinszenierung ist heute in der Popbranche zuweilen
wichtiger als das, was ein Künstler macht. Damit habe ich per-
sönlich meine Mühe. Ich bin der Meinung, dass man acht geben
sollte, dass nicht das Interesse am extrovertierten Menschen
selbst größer wird, als an seinem Werk. In erster Linie muss man
sich als Künstler einmal selbst erkennen. Man muss die Kraft

oder die Aufgabe spüren, dass man in seiner künstlerischen Form etwas zu geben, zu sagen und auszudrücken hat. Und dann wird die Gesellschaft schon in irgend einer Art auf ihn aufmerksam werden. Oder auch nicht. Etwas was heute von vielen Künstlern, es spielt keine Rolle ob von Malern oder Musikern, stark übersehen wird, ist die solide Ausbildung. Viele gehen in einen musikalischen Beruf, ohne das geringste Grundwissen über Musik, ohne die Kenntnisse eines Instrumentes oder sonst etwas zu haben. Sie fangen einfach an - irgendwie. Solche Geschichten mögen vom Kreativen her gesehen ganz inspirierend sein, aber letztlich glaube ich, dass die Kunst, das künstlerische Ausdrucksmittel nur dann für einen längeren Zeitraum überzeugen und Menschen bewegen kann, wenn der Künstler in seinem Metier eine Grundausbildung hat. Heute beginnt man das zu vergessen oder sogar ganz bewusst zu verdrängen. Ebenso wird man sich ohne Disziplin und Durchhaltevermögen wahrscheinlich kaum verwirklichen können. Es ist schon so, dass vielleicht irgendwo in jedem ein Kunstverständnis oder ein Kunstgefühl steckt. Daran glaube ich schon. Aber es ist völlig undenkbar, dass zum Beispiel jeder ein Picasso oder ein Beethoven werden kann. Das sind Anhäufungen von Talenten, die in einer Seele drin schlummern und plötzlich erwachen und herausbrechen. Es gibt viele, die es ahnen und die der festen Überzeugung sind, eines Tages erfolgreich zu sein. Besonders in Amerika habe ich viele Menschen getroffen die sagten, in zwei Jahren bin ich Top of the World. Die waren zwar total von sich selbst überzeugt, aber sie wurden und werden auch nie erfolgreich. In meiner Erfahrung hatten eher diejenigen die größere Chance später etwas zu erreichen, die dazu neigten bescheiden mit ihren eigenen Gefühlen umzugehen, als die Großkopfeten, die immer der Meinung waren, sie sind die Allergrößten. Ich selber habe für mich den Erfolg nie erwartet, den ich später einmal erreicht habe. Ich war nur davon überzeugt, dass ich überdurchschnittlich begabt bin. Deswegen konnte ich aber noch lange nicht sicher sein, Erfolg zu haben. Schlussendlich haben der Zufall und das Glück meinen Erfolg bestimmt."

Eine Portion Glück gehört immer dazu, um persönlich erfolgreich zu sein. Sie sollten Ihren gegenwärtigen Standort kennen, wenn Sie Ihre Ziele selbst bestimmen und nicht nur dem Zufall überlassen wollen! Um mehr Klarheit zu gewinnen, welche Talente sie haben, und Ihre Berufung zu finden, stellen Sie sich noch einmal folgende Fragen:

- **Welche Werte habe ich?**

....

- **Was ist mir in meinem Leben wichtig?**

....

- **Welche Interessen habe ich?**

....

- **Was macht mir Spaß?**

....

- **Was kann ich besonders gut?**

....

- **Welche Träume habe ich, die noch verwirklicht werden wollen?**

....

- **Stimmen meine Werte mit meinen Berufswünschen, Träumen & Visionen überein?**

....

- **Wie kann ich bei der Zielerreichung mein Umfeld berücksichtigen?**

....

Träume ausgraben & Kreativität entwickeln

Manchmal entschwinden uns unsere Träume und unser Leben fühlt sich irgendwie flach an.

Oft haben wir großartige Ideen und wundervolle Träume, sind aber nicht fähig, sie für uns selbst in die Tat umzusetzen. Manchmal haben wir spezifische kreative Sehnsüchte, die wir uns gerne erfüllen würden, z. B. Klavierspielen lernen, malen, Schauspielunterricht nehmen oder Schreiben lernen. Manchmal sind unsere Ziele diffuser. Wir hungern nach etwas, was man kreatives Leben nennen könnte. Obwohl es keine Patentrezepte für die Wiederentdeckung (oder Entdeckung) unserer Träume gibt, ist die Aktivierung unserer Kreativität erlernbar. Jeder von uns ist komplex und in höchstem Maße individuell; trotzdem gibt es erkennbare gemeinsame Nenner für den Aktivierungsprozess unserer Träume und Kreativität. Woran können Sie erkennen, dass Ihre Träume verschüttet und Ihre Kreativität blockiert ist? Neid ist ein hervorragender Schlüssel. Gibt es z. B. bestimmte Künstler, die Sie ablehnen? Sagen Sie zu sich selbst: „Das könnte ich auch tun, wenn bloß..."? Sagen Sie zu sich selbst, dass Sie, wenn Sie endlich Ihr kreatives Potenzial ernst nähmen, nicht mehr darauf warten würden, dass Sie genug Geld verdienen, um etwas zu tun, was Sie wirklich gern tun würden und aufhören würden sich zu sagen „ es ist zu spät".

Hanns Marzini, Kapitän eines Segelschiffes und Krimiautor, ledig

„Nach meiner Midlife-Crisis habe ich mich entschieden, ich mache in Zukunft nichts mehr, was mir keinen Spaß macht. Für

mich war finanzieller Erfolg immer nachrangig. Ich bin gelernter Heizungstechniker, habe Malerei studiert, war als Bühnenmaler am Theater, hatte eine Musikeragentur und habe z. B. Roland Neuwirth und die Wiener Tschuschenkapelle gemanagt. Als Skipper habe ich genug Zeit, um Diavorträge zu halten, Krimiromane zu schreiben und andere kreative Tätigkeiten auszuüben. Das ist für mich der Luxus. Ich bin am Ende des Jahres ständig pleite. Würde ich einen anderen Beruf ausüben, um viel Geld zu verdienen, der aber keinen Spaß macht, bräuchte ich unbedingt ein Segelschiff, um meinen Frust auszugleichen. Das Resultat wäre, dass ich am Ende des Jahres auch immer pleite wäre. Viele sehen mich als Aussteiger. Aber ich arbeite viel mehr, als jeder normale Berufstätige. Nur ich empfinde es nicht als Arbeit, denn bei mir gehen Arbeit und Freizeitbeschäftigung ineinander über und sind nicht zu trennen. Den Traum, auf einem Segelschiff im Mittelmeer zu leben, habe ich immer schon gehabt. Ich habe mir damals ein viel kleineres als mein heutiges Segelschiff gekauft und habe mir überlegt, was ich tun kann, damit ich nur noch segeln kann. Ich hatte die Idee, Brennstoffhändler zu werden, um zumindest den ganzen Sommer über segeln zu können. Dann bin ich aber zu dem Schluss gekommen, meine Energien für meine organisierten Segeltörns voll einzusetzen. Ich habe meinen Traum verwirklicht und wenn ich einen Lottosechser hätte, wäre ich todunglücklich. Denn dann könnte ich mir alles kaufen, wofür ich jetzt arbeiten darf, was mir ja großen Spaß macht. Es gibt viele Möglichkeiten, das Hobby zum Beruf zu machen. Wenn ich mal in der Rente bin, werde ich meinen Beruf zum Hobby machen."

Marzini würde man in unserer Gesellschaft als klassischen Aussteiger sehen. Ich frage mich schon, wieso man Menschen als Aussteiger bezeichnet, die jene Dinge tun, die ihnen Spaß machen und die ihre Träume verwirklichen. Ist es nicht ein Indiz dafür, wie sehr wir es gewohnt sind, Arbeit doch noch als etwas zu definieren, bei dem man auf Spaß verzichten muss? Auch wenn wir in einer Spaßgesellschaft leben, stellt sich die rhetorische Frage: "Darf Arbeit ausschließlich nur Spaß machen?"

Vor einiger Zeit lernte ich einen sympathischen Weltenbummler kennen. Günther Bieda, der in Regensburg ohne Geld aufgebrochen ist, um mit seiner Rikscha nach Portugal zu treten. Ein Verrückter, Spinner, Träumer, Getriebener oder weiser Philosoph? Er erzählte mir von einer Begebenheit, die mich nachdenklich stimmte: „Eine Mutter sagte zu ihrem Kind: Das ist ein reicher Mann, denn er ist ohne Geld zufrieden." Vielleicht sollten wir auch mal unseren Verstand „verrücken", um etwas Ungewöhnliches zu wagen.

„Warum habe ich meine besten Ideen unter der Dusche?", soll Albert Einstein bemerkt haben.

Steven Spielberg sagt, dass ihm seine besten Ideen gekommen sind, wenn er auf der Autobahn unterwegs war. Das ist kein Zufall. Durch alltägliche, sich immer wiederholende Routinetätigkeiten kann man am besten in den verändernden Fluss von inneren Bildern eintauchen. Meine Ideen bekomme ich daher auch meistens beim regelmäßigen Laufen. Ich kann es oft gar nicht erwarten wieder im Büro anzukommen, um meine Ideen aufzuschreiben. Manche bekommen die besten Ideen, wenn sie sich im stillen Örtchen aufhalten oder wenn sie anderen beim Arbeiten zusehen. Überlegen Sie sich eine routinemäßige Tätigkeit, die Sie inspiriert, um Ideen zu sammeln. Wichtig ist es, diese dann auch zu Papier zu bringen, damit sie nicht in Vergessenheit geraten. Ein Notizblock oder ein Diktaphon zur Hand kann dabei sehr hilfreich sein. Aber für Steven Spielbergs Methode, während der Autofahrt Ideen zu sammeln, übernehme ich keinerlei Haftung. Oder suchen Sie sich einen besondern Platz, an dem Sie sich in Ruhe Ihren Träumen widmen können.. Vielleicht gibt es in Ihrem Haus ein Zimmer, das Sie zu einem geheimen, privaten Platz für sich machen könnten, oder einen Teil eines Zimmers? Dieser Raum sollte nicht wie ein Büro aussehen. Alles was Sie brauchen, ist ein Stuhl oder ein Kissen, etwas, auf dem Sie schreiben können, vielleicht mit einer Vase frischer Blumen und duftenden Kerzen etc. Genauso gut könnte ein schöner Kraftplatz in der Natur dazu dienen. Ich habe mir einige Plätze auserkoren, die sich alle neben Gewässern befinden, da mich Wasser immer schon sehr inspiriert hat.

Interview Stefanie Werger, „Liederatin"(Musikerin, Kabarettistin und Autorin), ledig

„Meinen Kraftplatz habe ich in meinem Garten beim biologischen Schwimmteich, da schwirren Libellen herum, die Vogerln baden und es plätschert das Wasser. Da kann ich sinnieren und habe meine Inspirationen. Auch ich hatte meine Blockaden, und die waren teilweise grausam. Ich saß am Schreibtisch, habe sechs Wochen lang gegrübelt, geweint, geflucht. Keine Idee, keine Zeile, nichts. Da ist es am besten, dass man alles weglegt, sich ablenkt und woanders hingeht. Raus aus dem Haus, mit Menschen reden, lachen, blödeln, wegdenken! Ich habe mich fein rausgeputzt und mir eine lange Nacht um die Ohren geschlagen. Nach einem verschlafenen ‚Pflegetag' schrieb ich dann in etwa zehn Minuten den Text: ‚Stark wie ein Felsen'. Weitere Hits folgten, und es wurde schließlich meine erfolgreichste CD. Es ist ein Geschenk, dass ich meinen Traum verwirklichen durfte. Aber es war auch ein blutiger Weg. In einer Männerdomäne wie der Musikbranche musste ich mich durchboxen und immer wieder beweisen. Dies trifft auf viele Berufe zu, denn Frauen müssen gegenüber Männern mit der gleichen Qualifikation immer noch doppelt so viel zeigen. Heute habe ich damit kein Problem mehr. Das Geheimnis meines Erfolges erklärt sich möglicherweise darin, dass sich sehr viele Frauen mit mir identifizieren können. Ich sehe nicht aus wie eine unnahbare Modepuppe, ich sehe aus wie eine aus ihren Reihen, die schon einiges erlebt hat. Man glaubt mir und man liebt mich, egal wie viele Kilos ich gerade auf den Rippen trage. Wenn ich eine Tochter hätte, würde ich ihr abraten, bei einem Event wie ‚Starmania' mitzumachen. Da werden austauschbare Klone mit Kreativitätsverbot produziert, hochgejubelt und nachher oft allzu schnell wieder fallen gelassen. Einen ‚Star' kann man nicht ‚machen'. Da gehören Persönlichkeit, Ehrgeiz, Ausstrahlung, Talent, Mut und auch ein gesundes Maß an Sturheit dazu. Das Wichtigste, das man Kindern mitgeben kann ist die Anregung ihrer Phantasie, denn sie ist das Fundament der Kreativität. Fantasie aber kann sich nur durch eine lebendige, ausgeprägte Vorstellungskraft entwickeln, und die wird fast ausschließlich beim Lesen trainiert. Ohne Fantasie und Kreativität wäre unsere Welt nämlich farblos und langweilig."

Beantworten Sie sich an Ihrem persönlichen Kraftplatz folgende Fragen und schreiben Sie diese schnell auf. Denn Geschwindigkeit lässt Ihren inneren Kritiker erlahmen.

1. Zählen Sie drei Hobbys auf, die so klingen, als ob sie Spaß machen würden:

....

2. Zählen Sie drei Tätigkeiten auf, die Sie persönlich nie tun würden, die so klingen, als ob sie Spaß machen würden:

....

3. Zählen Sie drei Fähigkeiten auf, die Sie gerne hätten:

....

4. Zählen Sie drei Tätigkeiten auf, die Sie früher gerne getan haben:

....

5. Zählen Sie drei Albernheiten auf, die Sie gerne mal ausprobieren würden:

....

Nun phantasieren Sie sich Ihre ideale Umgebung. Stadt? Land? Elegant? Rustikal? Schreiben Sie einen Absatz und zeichnen oder schneiden Sie ein Bild aus, das dies illustriert. Hängen Sie sich dieses Bild auf den Badezimmerspiegel.

Was ist ihre bevorzugte Jahreszeit? Warum? Gehen Sie einige Zeitschriften durch und finden Sie ein Bild davon oder zeichnen Sie es auf. Bringen Sie es in der Nähe Ihres Arbeitsplatzes an.

Machen Sie folgende Zeitreisen in die Vergangenheit und Zukunft:

1. ZUKUNFT

Beschreiben Sie sich selbst mit achtzig. Was haben Sie nach dem fünfzigsten Lebensjahr gemacht, was Ihnen Spaß gemacht hat? Seien Sie sehr genau. Schreiben Sie jetzt einen Brief mit Achtzig an sich selbst in Ihrem jetzigen Alter. Was würden Sie sich schreiben? Welchen Interessen würden Sie sich auffordern, nachzugehen? Welche Träume würden Sie fördern?

2. VERGANGENHEIT

Erinnern Sie sich daran, wie Sie mit acht Jahren waren. Was haben Sie gerne getan? Was waren Ihre Lieblingsgegenstände? Schreiben Sie jetzt einen Brief im Alter von acht Jahren an sich selbst in Ihrem jetzigen Alter.

Diese Übungen dienen dem Zweck, mehr Informationen aus Ihrem Unterbewusstsein darüber hervorzulocken, was Sie bewusst gerne tun würden. Sich angemessene Ziele zu setzen, setzt auch eine gute Selbsteinschätzung voraus – die Kenntnis über sich selbst, was Sie gerne machen, aber auch, was Sie können und was Sie weniger gut können. Lassen Sie sich dabei weniger von der Einschätzung anderer als von Ihnen selbst beeinflussen! Versuchen Sie bei der folgenden Potenzialanalyse weder zu übertreiben noch sich selbst zu unterschätzen.
Ein klares Selbstbewusstsein zu entwickeln bedeutet, das in Ihnen vorhandene Potenzial in Ihr Selbstbild zu integrieren.

- **Potenzialanalyse:**

Meine persönlichen Stärken: **Meine fachlichen Stärken:**

....

....

....

Meine persönlichen Schwächen: **Meine fachlichen Schwächen:**

....

....

....

- **Was würde ich in meinem Leben noch alles umsetzen,
  wenn ich wüsste, dass ich nur noch 1 Jahr zu leben hätte?**

....

....

....

Diese Vorstellung gibt Ihnen die Energie, sich auf das Wesentliche zu besinnen.
Nun gilt es Ihre Ziele auf die Möglichkeit der Verwirklichung zu prüfen. Oftmals scheitert die Umsetzung von Zielen, weil die Umsetzbarkeit nicht genügend vorbereitet wurde. Dabei kann Ihnen auch der Aktionsplan im letzten Kapitel „Selbstvereinbarungen" behilflich sein.

- **Was davon wäre in welchem Zeitraum umsetzbar?**

....

- **Was fehlt mir noch zur Umsetzung?**

....

Holen Sie sich für Ihre Entscheidungsfindung für Ihr Vorhaben so viele Informationen wie möglich. Diese Phase sollte erst stattfinden, nachdem Sie Ihre Selbsteinschätzung gemacht haben! Erst wenn Sie sich über Ihre Werte, Wünsche, Stärken, Schwächen und Interessen im Klaren sind, können Informationen von außen bei der Entscheidungsfindung sinnvoll kanalisiert werden.

Denn wenn Sie sich vor Ihrer Selbsteinschätzung der Informationsflut aussetzen, besteht möglicherweise die Gefahr, dass Sie sich für Ziele entscheiden könnten, die nicht Ihrem Wesen entsprechen. Und es kann in diesem Fall manchmal mehr Verwirrung als Klarheit schaffen.

Um Ziele zu verfolgen ist es wichtig, sich Prioritäten zu setzen und sich ganz bewusst zu entscheiden. Sie sollten sich klar werden, dass Sie im Leben immer viele Alternativen haben und eben nicht alle wählen können. Dabei haben Sie vielleicht gar nicht so die Schwierigkeit, sich für etwas zu entscheiden, sondern sind mit der Problematik konfrontiert, sich gegen das andere entscheiden zu müssen, also den Verzicht. Das heißt, dass jede Ent-„scheidung" auch eine Scheidung von möglichen Alternativen bedeutet.

Für die Zielfindung ist es wichtig, sich klar zu entscheiden und die Energien auf dieses Ziel zu konzentrieren.

Kennen Sie die Geschichte von dem Mann, der seiner Mutter erzählte, dass er zwischen 2 Sesseln sitzen würde? Er meinte, kennst du das, alles ist am Schreibtisch schön geordnet, plötzlich öffnest du das Fenster und ein Windstoß wirbelt alles durcheinander. Die Mutter sagte daraufhin, dass der Windstoß nur dann alles durcheinander wirbelt, wenn „noch eine Türe" offen ist. Du musst dich entscheiden!

Und doch kann es Sinn machen, wenn Sie sich zumindest eine gedankliche Alternative als zweite Möglichkeit schaffen. Sollte sich Plan A als unausführbar herausstellen, fallen Sie nicht ins Bodenlose, sondern können auf Plan B „zurückgreifen". Mit Entscheidungen geht es manchen so, wie mit einer Decke. Wenn man die Decke hochzieht, werden die Füße kalt. Wenn man sie runterzieht ist es oben kalt. Aber vielleicht ist Ihnen die Decke auch nur zu klein geworden und Sie sollten sich überlegen, eine neue, größere Decke zu besorgen. Oftmals sind wir in der Entscheidung zwischen 2 Dingen so verfangen, dass es vielen kaum in den Sinn kommt, dass es noch eine Möglichkeit gibt. Dabei wäre die Kreativität gefordert, über eine 3. Variante nachzudenken. Ambivalenz ist der Zwiespalt zwischen dem Wunsch, es zu wagen und dem Wunsch, alles beim Alten zu belassen.

Entscheidungsängste können auch damit zusammenhängen, dass Sie spüren, dass Sie eine einmal getroffene Ent- „scheidung" nicht mehr ungeschehen machen können und nicht mehr zu den Weichen zurück können. Aber, wenn sich Ihnen eine Türe verschließt, so öffnen sich dafür viele andere! **Das Leben ist ein Experiment, wer nichts riskiert verliert sehr viel!**

> *„Ich sagte zum Engel,*
> *der an der Pforte*
> *des Jahres stand.*
> *Gib mir ein Licht,*
> *damit ich sicheren Fußes*
> *der Ungewissheit*
> *entgegengehen kann.*
> *Aber er antwortete:*
> *Gehe nur in die*
> *Dunkelheit und lege*
> *die Hand in die Hand*
> *Gottes,*
> *das ist besser als ein Licht und sicherer,*
> *als ein bekannter Weg."*
> *Wort eines chinesischen Christen*

Als ich vor einiger Zeit den Verein „Patchwork-Familien-Service" für Elternteile & Familien im Wandel ins Leben gerufen habe, hat mich eine betroffene Mutter auf eine politische Ungerechtigkeit aufmerksam gemacht und mich gebeten als Vereinsobfrau dahingehend Unterstützung zu geben. Ich habe sehr lange überlegt, weil ich wusste, dass dies negative Konsequenzen für unseren überparteilichen Verein haben könnte, mit den regionalen Politikern ins Kreuzfeuer zu geraten. Aber als ich mir die Frage stellte, mit welcher Entscheidung es mir rückblickend an meinem

Lebensende besser gehen würde, musste ich nicht mehr länger überlegen und wusste was ich zu tun hatte. Die Bedenken sind nicht eingetroffen. Im Gegenteil, wir waren erfolgreich! Denn ich habe mich für dieses politisch-heikle Engagement entschieden mit aller Konsequenz. Es ist für mich ein gutes Gefühl diese Entscheidung auf Grundlage dieser substanziellen Frage getroffen zu haben.

Manchmal verhält es sich mit Entscheidungen so, wie mit der Milch. Wenn wir sie stehen lassen, dann versauert sie, und wenn wir sie auf die Flamme stellen, besteht das Risiko, dass sie übergeht. Auch da gilt es Polaritäten zu verbinden. Es ist selten einfach grundlegende Lebensentscheidungen zu treffen. Aber glücklicherweise behält die endgültige Entscheidung auch vorläufigen Charakter. Es handelt sich vielmehr um eine Reihe Versuchsweiser Annäherungen, geplant und hervorgebracht unter günstigen Umständen und entworfen, um dem persönlichen Erfolg ein Stück näher zu kommen.

Wenn Sie dies hinter sich gebracht haben, nehmen Sie sich Zeit, Ihre vorläufige Entscheidung zu überdenken. Nichts was der Mühe wert ist, geschieht sofort. Geben Sie Ihren Zielen Zeit, auszureifen, entweder während eines Wochenendes, in der Urlaubzeit oder im Verlauf einiger Monate Ihres normalen Alltags. Diese Zeit wird wie ein Filter wirken und Ihnen dabei helfen, herauszufinden, was wichtig für Sie ist, und Ihnen ein Gefühl davon vermitteln, was richtig für Sie ist. Es ist immer noch besser eine „falsche" Entscheidung zu treffen, als sich gar nicht zu entscheiden. Aber auch eine nicht getroffene Entscheidung ist eine Entscheidung, dass Sie sich eben nicht entscheiden- jedoch birgt es die Gefahr in sich, dass die Milch versauern könnte, indem Sie „gelebt" werden und sich von den Umständen treiben lassen.

> *„Ich will Gottes Gedanken intuitiv erfassen*
> *und den Lebensplan meiner Seele –*
> *alles andere ergibt sich dann von selbst."*
> *Albert Einstein*

Ich bin zutiefst davon überzeugt, was Sie gerne machen, machen Sie gut, und was Sie gut machen, bringt persönlichen Erfolg! Vorausgesetzt, Ihre Ziele stimmen mit Ihren Werten und Ihrem Talent überein. Dann haben Sie auch die nötige Energie, Hürden zu überwinden und Ihre Ziele zu erreichen. Im umgekehrten Sinne muss das nicht heißen, dass Sie alles, was Sie gut machen können, auch gerne machen. Ich habe im Laufe meiner unterschiedlichsten Tätigkeiten immer wieder die Erfahrung gemacht, dass man mich in allen Firmen, in denen ich tätig war, im Verkauf einsetzen wollte, weil ich rhetorische Fähigkeiten hatte und gut mit Menschen umgehen konnte, wie man mir sagte. Ich aber wählte einen anderen Weg, weil der Verkauf einfach nicht mein Anliegen war und ich dem Ruf meines Herzens gefolgt bin.

Prof. Carl Friedrich von Weizsäcker hat darauf hingewiesen, dass es notwendig ist, unsere Arbeit mit unserer Seele zu verbinden. Auch ich möchte Ihnen ans Herz legen:

„Folgen Sie dem Ruf Ihres Herzens, so sind Sie dem persönlichen Erfolg auf der Spur!"

III. UMSETZUNGSSTRATEGIEN

Von der Strategie zur erfolgreichen Umsetzung

125

1. BALANCE VON BERUFS- UND PRIVATLEBEN

Leben, um zu arbeiten?

Arbeiten Sie, um zu leben, oder leben Sie, um zu arbeiten? Gilt das Lebenskonzept der Gleichwertigkeit von Arbeitszeit und Freizeit nur wenigen Privilegierten? Haben wir im Zuge der fortschreitenden Globalisierung unsere sensibilisierten Sinne für das Recht der Menschen auf ein selbstbestimmtes, eigenes Leben, das nicht von kollektiven Mächten ferngesteuert und genormt wird, verloren? Wie tief greift der viel gepriesene Wertewandel, von dem die Forscher schon seit über 20 Jahren sprechen?

Ein Grundrecht wird eingefordert: das Recht auf sinnvolle Verwendung der Ressource, die niemand erneuern kann - der eigenen Lebenszeit!

Vielen Menschen ist im schnellsten aller Zeitalter die Flüchtigkeit ihres Lebens bewusst geworden. Sie glauben nicht mehr an die Wiederkehr des Gleichen, sondern erfahren das Unwiederbringliche und Unwiederholbare viel deutlicher. In einer Umfrage des Online-Stellenmarktes Jobfinder haben 61,3 Prozent der Befragten eine ausgewogene Balance von Berufs- und Privatleben für eines der wichtigsten Ziele angegeben. Nur die „finanzielle Unabhängigkeit" konnte dieses Bedürfnis in dieser Umfrage knapp überholen. Die Neubewertung von Arbeit und Freizeit wurde zum Wirtschaftsthema der neunziger Jahre. Wo sind sie, die innovativen Führungskräfte, die sich nicht dem technokratischen Diktat unterwerfen, sondern auch die Welt außerhalb ihrer Firma kennen? Wo bis zur Erschöpfung gearbeitet werden soll, gibt es nur noch das „Gegengift" der absoluten Passivität. Beides trifft nicht die Balancebedürfnisse und den Gestaltungsdrang der Menschen.

Ing. Walter Fischl, Organisationsentwickler, Vorstandsdirektor der Firma ELK Fertighaus AG, geschieden, 1 Kind

„Als meine Eltern ein Haus gebaut haben, war ich als Kind die meiste Zeit am Bau und das hat mich so fasziniert, dass ich die HTL besucht habe und auch meinen Beruf in dieser Branche ausübe. Rückblickend auf meine Laufbahnentwicklung würde ich beruflich nicht mehr über meine Grenzen hinausgehen, was die Belastbarkeit und Zeit betrifft. Ich würde schneller abgrenzend darauf reagieren und letztendlich konsequenter in der Umsetzung dieser Forderung sein. Es hat in meiner beruflichen Laufbahn eine Phase gegeben, in der ich über meine persönliche Belastbarkeit geschritten bin. Das ist stark zu Lasten meiner Familie und meiner persönlichen Substanz gegangen. Das würde ich heute nicht mehr machen! Mein Ziel ist es, meine Projekte im Unternehmen umzusetzen. Und im privaten Bereich möchte ich an mir arbeiten und darauf schauen, dass ich meinem Sohn genügend Zeit widme."

Wer vierzehn Stunden harte Arbeit tun muss, kann zwischen diesen Abschnitten nur noch essen und schlafen, Letzteres nur im besten Fall. Wer diesen Hintergrund der neuen Anspruchsbedürfnisse erkennt, hat keine Möglichkeit mehr, Mitgestaltungswünsche der Mitarbeiter über die Berufs- und Freizeit beiseite zu schieben. Führungskräfte, die sich diese Überlegungen zumuten, stoßen dann auch selbstkritisch auf eine Unterscheidung, die sie vielleicht für selbstverständlich gehalten haben: die Wertunterscheidung von eigener und fremder Lebenszeit. Sie sollten sich bewusst sein, dass die Lebenszeit der Mitarbeiter als genauso wertvoll anzuerkennen ist wie ihre eigene. Diese Erkenntnis hat auch Einfluss auf das Zeitmanagement: Wer seine Zeit respektiert sieht, füllt sie auch selbst effizienter. Mitarbeiter, deren Zeitbudget in die Eigenverantwortung übertragen wird, können nur noch selbst Zeit vergeuden.

*„ Wer nur um Gewinn kämpft,
erntet nichts, wofür es sich lohnt zu leben."*
A. de Saint-Exupèry

Der Wunsch nach einer klassischen Karriere im Sinne von beruf-
lichem Aufstieg, Einfluss, Status und hohem Einkommen ist nach
einer Umfrage von Rosenstiel bei Nachwuchsführungskräften
deutlich geringer ausgeprägt als bei älteren Führungskräften. In
der Studie von Prof. Wunderer & Dr. Petra Dick (vgl. Kapitel Beruf
& Berufung) wurde festgestellt, dass **bei Erwerbstätigen die Balance von Berufs- und Privatleben ein immer wichtigeres, zentrales Laufbahnziel wird.** Nach Ansicht der befragten Personalchefs steht bereits heute – etwa für 90% aller Beschäftigten – der
Lebensgenuss im Vordergrund. Dagegen werden Führungskräfte
mehrheitlich nach wie vor als Vertreter des „calvinistischen Arbeitsethos" gesehen. Für die Zukunft prognostiziert eine große
Mehrheit (73%) einen Trend in Richtung „Lebensgenuss". Wie alle
Veränderungen vollzieht sich der Anfang in uns selbst! Es werden
nur Führungskräfte diesem Anspruch gerecht werden, die es bei
sich selbst zulassen und umsetzen können, ihr eigenes Balance-
bedürfnis zwischen Beruf und Freizeit zu leben. Wie könnte es ein
Chef sonst ertragen, der sein eigenes Privat- und Familienleben
für die Firma geopfert hat, wenn ein Mitarbeiter den Anspruch auf
mehr Freizeit für seine Familie einfordert? Demnach werden auch
Führungskräfte zukünftig weniger bereit sein, private Interessen
beruflichen Belangen unterzuordnen.
Führende haben Folgende. Nur derjenige, dem die Menschen
freiwillig folgen, hat als Führungskraft eine Existenzberechtigung.
Nicht Führungskräfteseminare, sondern Mitarbeiter verleihen ihnen Führungskompetenz.
Der bekannte, inzwischen leider verstorbene Headhunter Francois
Jenewein hat bestätigt, dass Personalchefs auch bei der Auswahl
von Führungskräften zunehmend gesteigerten Wert auf das Familienleben legen. „Jeder Manager braucht zum Ausgleich für sein
hektisches Berufsleben einen Ruhepol. Den findet er am ehesten
in der Familie." Vorreiter dieser Philosophie sind amerikanische
Konzerne. Dort wird das Familienleben von den Unternehmen
auch bewusst gefördert. Diese veranstalten für ihre Arbeitneh-

mer an den Wochenenden regelmäßige Familienaktivitäten wie Grill- und Sportfeste. Dadurch sollen die Partnerinnen bewusst in die Firmengeschehnisse eingebunden werden. Bekanntlich steht ja hinter jedem bedeutenden Mann eine bedeutende Frau. Wie auch in der nachfolgenden Geschichte:

Als Thomas Wheeler, Geschäftsführer der Massachusetts Lebensversicherungsgesellschaft, der mit dem Grundsatz der Gegenseitigkeit, und seine Frau die Autobahn entlang fuhren, bemerkte er, dass sie wenig Benzin im Tank hatten. Wheeler nahm die nächste Abfahrt und fand auf Anhieb eine heruntergewirtschaftete Tankstelle mit nur einer Zapfsäule. Seine Frau kannte offensichtlich den Tankwart. Als die beiden mit vollem Tank wieder auf der Autobahn waren, fragte Wheeler neugierig seine Frau, woher sie den Tankwart kennen würde. Sie erzählte ihm, dass sie zusammen auf der Highschool waren und regelmäßig miteinander ausgegangen sind. "Mann, o Mann, hattest du ein Glück, dass ich dann daherkam", prahlte er stolz. „Wenn du ihn geheiratet hättest, wärst du jetzt die Frau eines Tankwarts und nicht die eines Geschäftsführers!" „Mein Lieber", antwortete seine Frau, „wenn ich ihn geheiratet hätte, wäre er jetzt Geschäftsführer, und du der Tankwart!"

Frauen- und familienfreundliche Maßnahmen

Da ich als Trainerin auch Seminare zur professionellen Vereinbarkeit von Beruf & Familie für Unternehmen abhalte und als externe Beraterin für das „Audit Familie & Beruf" tätig bin, habe ich Einblick bekommen in die Führungsetagen und Organisationsprozesse von Unternehmen. Personalmanagement sollte den unternehmerischen Nutzen aufzeigen, den die **Integration mitarbeiterbezogener Unternehmensziele und wertbewusstes Management** verspricht. Ein wesentlicher Wert davon ist die Vereinbarkeit von Beruf & Familie. Die Vereinbarkeit von Beruf & Familie ist für viele Mitarbeiter/innen nicht nur eine Belastung. Dies hat unmittelbare Auswirkungen auf die Arbeitsmotivation und zieht Konsequenzen für den langfristigen Unternehmenser-

folg nach sich. Beispielsweise stärken spezifische Selbstorgani-
sations-und Zeitmanagementmethoden und die Förderung des
individuellen Selbstmotivations- und Stressbewältigungspoten-
zials die personale Kompetenz und ermöglicht Mitarbeiter/innen
mit Familie eine professionelle Vereinbarkeit von Beruf & Familie.
Ziel sollte es sein, strukturelle (z.B. Flexibilisierung des Personal-
einsatzes, der Arbeitszeit etc.) wie auch individuelle Maßnahmen
umzusetzen, um die Nachhaltigkeit solcher Unternehmensverän-
derungsprozesse zu gewährleisten. Frauen- und familienfreundliche Maßnahmen und Weiterbildungsseminare sind keine sozi-
alromantische Forderung. Unternehmen sind keine Privatsanato-
rien und daher freut es mich, dass die Politik und bereits einige
Führungskräfte erkannt haben, dass das Unternehmen und damit
auch die Wirtschaft selbst unmittelbar davon profitiert.

Einige Vorteile seien hier genannt:

- **motivierte & loyale Mitarbeiter/innen**
- **ein frauen- und familienfreundliches Image**
- **neue Kundenpotenziale**
- **mehr Wettbewerbsvorteile**

In der Prognos-Studie „Betriebswirtschaftliche Effekte familien-
freundlicher Maßnahmen" wurde festgestellt, dass es selbst bei
mittelständischen Unternehmen mehrere 100.000,--Euro im Jahr
kostet, wenn keine frauen-& familienfreundliche Maßnahmen gesetzt werden! **Ich bin der Überzeugung, dass langfristiger Unter-
nehmenserfolg und frauen- und familienfreundliche Personalpolitik untrennbar miteinander verbunden sind! (Mehr Infos dazu
erhalten Sie unter www.karrierewerkstatt.at)**

Seit vielen Jahren halte ich auch Workshops für Wiedereinsteigerinnen ab. Leider hatte ich bisher noch keinen Mann als Teilnehmer in diesen Workshops. Es gibt Männer, die nie in Karenz
gehen würden, weil sie der Ansicht sind, die Frau hätte sich diese
„Auszeit" verdient. Offensichtlich hat die Bezeichnung Karenz-
„urlaub" ihren Teil zu diesem Irrglauben beigetragen. Aber ich
bin zuversichtlich und glaube, dass sehr viele Männer bereits

umgedacht haben und Familie nicht mehr als Sonntagsnachmittagsprogramm sehen.

Interview Miša Strobl, Unternehmensberater (Quintessenz Organisationsberatung GmbH) und Karenzvater, verheiratet, drei Kinder

„Für mich und meine Frau war es immer selbstverständlich, Karriere und Familienarbeit gerecht zu teilen. Aus diesem Grund ließ ich mich für ein Jahr karenzieren, um die Kinder und den Haushalt zu versorgen, während meine Frau als Ärztin das Familieneinkommen bestritt. Obwohl ich auch in den vorangegangenen Jahren zu Hause intensiv mitgearbeitet hatte, war es eine völlig neue Herausforderung, plötzlich alleinverantwortliche und letzte Instanz in diesem Bereich zu sein. Kinder und Haushalt unter einen Hut zu bringen erfordert sehr viel Kreativität, Managementqualitäten und Konfliktlösungsfähigkeiten, und kann ebenso spannend sein wie ein gern und kompetent ausgeübter Brotberuf. Eine gesunde Balance zwischen Berufs- und Familienleben ist für beide Eltern wichtig: In beiden Lebensbereichen ist man intellektuell und emotional gefordert, muss man sachliche und persönliche Schwierigkeiten meistern und erfährt Bestätigung und Bereicherung. Meine bemerkenswerteste Erkenntnis aber war, wie sich die Erfahrungen wechselseitig ergänzen und verstärken: Wenn einem die Spielzeug-Bausteine um die Ohren fliegen, lernt man wirkliches Konflikt- und Stressmanagement sowie das geduldige Erarbeiten fairer Lösungen. Eines weiß ich jetzt sicher: Mitarbeiterführung ist einfacher als Kinder zum Aufräumen zu bringen! Von eben diesen „social skills" kann im beruflichen Alltag jeder profitieren. Somit haben auch die Unternehmen einen Vorteil, wenn sie einem Mann die Vaterkarenz ermöglichen. Aber um ehrlich zu sein: Einer der wichtigsten Beweggründe für`s zu Hause bleiben war sicher persönlicher Natur. Es ist nämlich wunderbar, die eigenen Kinder in ihrer Entwicklung so intensiv zu begleiten, wie es Eltern in der Karenz möglich ist."

Miša Strobl - einer der wenigen Männer, der die persönlichen Erfahrungen der Karenzzeit genutzt hat - informiert nun Unter-

nehmen über die Vorteile der Väterkarenz. Einige „social skills",
die er aus der Karenz für die Arbeitswelt mitgenommen hat, seien
hier genannt:

- **Widersprüche aushalten und nicht Lösungen erzwingen**
- **Konflikten nicht aus dem Weg, sondern sie aktiv angehen**
- **Flexibilität bei kurzfristigen Veränderungen**
- **Mit Kindern hat Mann/Frau immer Verantwortung zu tragen**
- **10 Sachen gleichzeitig machen und trotzdem den Überblick behalten**
- **Entwicklungsorientierung: die beste Lösung von heute kann morgen wieder falsch sein**

Natürlich gilt das Gleiche auch für Frauen. Auch wenn immer
noch primär Frauen diejenigen sind, die sich der Karenz-„arbeit"
verpflichten, sollte man nicht vergessen, dass immer noch Männer die Besserverdiener sind. Ist es verwunderlich, wenn sich ein
Paar aus ökonomischen Gründen dafür entscheidet, dass die
Frau in „Karenz geht"? Dabei sollte darauf hingewiesen werden,
dass Österreich bei der Einkommensgerechtigkeit der Frauen
international die rote Laterne trägt! Wenn Frauen und Männer
gleich viel verdienen würden und die Karenzzeiten zwischen dem
Paar gleichermaßen aufgeteilt werden würde, wären nicht mehr
ausschließlich Frauen ein „Unsicherheitsfaktor" für Unternehmen. Diese Ansicht teilt auch der Männerforscher Herr Dr. Erich
Lehner: „Väterkarenz befreit Frauen vom Wettbewerbsnachteil in
der Arbeitswelt." Auch Unternehmen können dahingehend ihren
Teil dazu beitragen und diese beiden Ansätze in ihr Leistungs-
system sowie in ihre Unternehmensphilosophie integrieren. Dr.
Lehner hat in einer Studie festgestellt, dass familienorientierte
Mitarbeiter leistungsorientiert, aber eher „ergebnisorientiert" als
„aufstiegsorientiert" sind und weniger Status-Interesse haben.
„Der größte Widerstand am Karenzwunsch der Väter zeigte sich
in großen Unternehmen. Unterstützung fanden Väter eher in
mittleren Unternehmen. Als entscheidender Faktor zeigte sich die
Person des Chefs (Chefin). Das Problem liegt in einer einseitigen
Orientierung der Männer am Lebensbereich Arbeit, der auch in
der Studie Männer 2002 deutlich zu Tage getreten ist: ein Drittel

(33 %) der Männer erweist sich als sehr stark berufsorientiert, weitere 46 % als eher berufsorientiert. Lediglich 21% sind es (überhaupt) nicht. Es gilt Männer stärker im Bereich Familie, Fürsorge und Vorsorge zu verankern. In der Tat gibt es Hinweise, dass ein ausgeglichenes Verhältnis von Arbeit und Familie die Gesundheit von Mitarbeiterinnen und Mitarbeitern verbessert (Seitel/Fingerman 2001, 2f). Folgt man nun den Ergebnissen der Studie Männer 2002, dann wird deutlich, dass derartige Überlegungen für die Männer Österreichs keine Utopie mehr darstellen. Immerhin 54 % der befragten Männer sind der Meinung, dass auch Männer Pflegedienste leisten sollten. Und nur 18 % der Männer können sich das nicht vorstellen, ihre Berufstätigkeit zugunsten von Pflege zu reduzieren, 9 % würden sie ganz unterbrechen, alle anderen würden sie zumindest um 30 %, 50 % oder 75 % reduzieren. Alles in allem kann davon ausgegangen werden, dass es unter Österreichs Männer eine grundsätzliche Bereitschaft gibt, sich in Fürsorgearbeit zu engagieren."

Entscheidend ist jedoch, dass „frauen- und familienfreundliche Maßnahmen" nicht nur ausschließlich als PR-Instrument und als äußerliche Kosmetik fungieren sollten, sondern diese intern als Organisations- und Personalentwicklungsprozess in der Personalpolitik sowie in Aus- und Weiterbildungssysteme der Unternehmensstruktur implementiert werden. Nur so können die dauerhafte Umsetzung und Nachhaltigkeit gewährleistet werden.

Nicht nur Unternehmen und die Selbstorganisation von Einzelpersonen können Gesellschaftsstrukturen verändern. Auch die Politik ist hier gefordert, dementsprechende Rahmenbedingungen zu schaffen. Skandinavien ist uns eine Nasenlänge voraus. So gilt etwa in Schweden das Recht auf Teilzeitarbeit bis zum 7. Lebensjahr des Kindes mit garantiertem Rückkehrrecht auf Vollzeit ausnahmslos für alle; es herrscht kein Mangel an leistbaren Kinderbetreuungseinrichtungen mit flexiblen Öffnungszeiten - und: Das Karenzgeld beträgt 80 % des letzten Gehaltes vor der Geburt des Kindes. Natürlich gibt es da eine Höchstgrenze. In Skandinavien ist der karenzierte Mann nichts Exotisches. In Norwegen nehmen bis zu 70 % der Männer Karenz in Anspruch. In

Österreich sind es gerade mal 2 %. Dass es hierzulande für viele berufstätige Eltern, insbesondere für Alleinerziehende immer noch einen Drahtseilakt darstellt, wie die Ferienzeiten der Kindergärten und Schulen kindgerecht überbrückt werden sollen, sollte uns zu denken geben. Es scheint mir so, dass Vertreter der Kindergärten und Schulen alles daran setzen, um an dem alten Privileg der Ferienzeiten festzuhalten. Es ist leicht gesagt, dass das Kind jederzeit in einem eigens für die Ferienzeit geschaffenen Sommerkindergarten oder Hort untergebracht werden könne, oder ein Schulkind auf ein Ferienlager fahren könne. Ungeachtet dessen, dass damit Kinder völlig fremden Betreuungspersonen gegenüberstehen würden. Natürlich gibt es auch Kinder, die damit kein Problem haben, aber ich kenne viele Eltern, die das für ihre Kinder nicht in Kauf nehmen möchten und daher wieder auf ihre eigene Selbstorganisation rückgeworfen sind. Ich denke, dass es da noch ein großes Potenzial an bedarfsgerechter Ideen geben könnte, um die Öffnungszeiten der Kindergärten-, Schul- und Arbeitssysteme anzunähern. **Politik hat aus meiner Sicht nicht das Anrecht ideologische Lebensformen vorzugeben, so wie es derzeit praktiziert wird, sondern hat lediglich die Aufgabe, vielfältige, bedarfsorientierte Wahlmöglichkeiten und chancengleiche Rahmenbedingungen zu schaffen !**

Leider orientiert sich der Großteil der Frauen immer noch zu sehr daran, was von außen an gesellschaftlichen Normen vorgegeben wird, anstatt ihre Energie auf die eigenen Ziele zu richten. Auch wenn es bereits einige weibliche Führungskräfte in Vorstandsetagen gibt, stoßen viele Frauen an die gläserne Decke, vor allem in Branchen, in denen es sehr viel um Macht und Einfluss geht, wie etwa im Bankenbereich.

Viele Frauen eignen sich hervorragend als Team-Leader und haben wunderbare Managementqualitäten. Wer einen Job, Haushalt und eine Familie zu organisieren hat, verfügt über alle Kompetenzen, die ein Management braucht. Für viele ist jedoch der Begriff „Macht" negativ besetzt. Macht kann aber auch positiv eingesetzt werden. Wie gut, dass es da bereits etliche Vorzeigebeispiele gibt und auch einige Frauennetzwerke ins Leben gerufen wurden. Netzwerke sind sehr wichtig, um berufliche, hilfreiche Kontakte zu knüpfen und sich Einfluss zu verschaffen. Natürlich gibt es auch da Grenzen. Nicht jede Frau hat die Möglichkeit beruflich weiter zu kommen, vor allem, wenn ich an Frauen ohne Ausbildung denke. Erschwert wird dieser Umstand oftmals noch durch familienfeindliche Arbeitszeiten wie z. B. im Gastgewerbe oder im Einzelhandel.

Ich arbeitete als Kursleiterin in einem EU-Projekt „ Handel im Wandel". Zielsetzung des Projektes war es unter anderem: Wiedereinsteigerinnen aus dem Einzelhandel in den Arbeitsmarkt einzugliedern. Vor der Karenzzeit dieser Frauen waren die Ladenöffnungszeiten noch: Montag bis Freitag 8 bis 18 Uhr und Samstags von 8 bis 12 Uhr. Das waren Zeiten! Eigentlich noch nicht so lange her und doch so weit weg. Als die Frauen in den Kurs kamen, waren diese nicht nur mit dem Wiedereinstieg, sondern auch mit den heutigen, neuen Ladenöffnungszeiten konfrontiert. Ich hatte großen Respekt vor jeder einzelnen Kursteilnehmerin, die es geschafft hat, wieder einen Job im Einzelhandel zu finden und diesen mit Ihrer Familie unter einen Hut zu bekommen. Das war für viele ein Drahtseilakt der Sondergleichen! Auch wenn dieser Kurs sehr erfolgreich war und sich die Statistik sehen lassen konnte, hatte ich große Bedenken über diese Entwicklungen auf dem Handelssektor! Vor allem, wenn bei einem der größten Lebensmittelketten mit großen Lettern sehr lange geworben wurde: Heute langer Familieneinkaufssamstag! Ich glaube kaum, dass damit die eigenen Mitarbeiterinnen gemeint waren! Kluge Führungskräfte behandeln ihre eigenen Mitarbeiterinnen als Kundinnen! Ich machte mir die Mühe und befragte die Kundinnen vor einem Lebensmittelgeschäft, ob Sie ein Problem damit hätten, wenn sich die Ladenöffnungszeiten wieder minimieren würden. Die Antworten fielen alle gleich aus. Niemand hätte tatsächlich ein Problem damit. In einer Studie wurde das bestätigt: 92% der Konsumentinnen gaben laut einer Umfrage an, dass es für eine weitere Ausdehnung der Öffnungszeiten keinen Bedarf gibt. Da die reale Kaufkraft bedingt durch geringe Lohn-, Gehalts- und Pensionszuwächse einerseits und Verluste als Folge zahlreicher Verschlechterungen bei Sozialleistungen andererseits stagniert oder gar geringer geworden ist, können Konsumentinnen ohnehin nicht mehr einkaufen. **Besonders negativ wirkt sich das auf die Lebensqualität der Beschäftigten und deren Familien aus. Abgesehen davon haben wir in unserem Projekt herausgefunden, dass es den Unternehmen tatsächlich nicht mehr finanziellen Gewinn bringt. Die Menschen können nicht mehr ausgeben, als sie haben.** Es stellt sich wirklich die Frage wem diese Entwicklungen nützen, wenn sie überhaupt nützlich sind. Ich frage mich schon, wie sinnvoll es ist auf der einen Seite frauen- und familienfreundliche Maßnahmen zu setzen und auf der anderen Seite die Ladenöffnungszeiten zu erweitern. Ich halte solche Entwicklungen für paradox! Die Ladenöffnungszeiten zu reduzieren oder zumindest nicht noch zu erweitern wäre in der Tat eine frauen- und familienfreundliche Maßnahme! Es ist allgemein bekannt, dass es kaum ein Unternehmen wagt den Alleingang anzutreten, aus der berechtigten Angst, man würde damit die Konkurrenz unterstützen. Kürzlich habe ich bei einer Podiumsdiskussion mit einem Obmann der Lebensmittelhandelssektion über dieses Thema diskutiert und bin dabei auf Unverständnis gestoßen. Er war der Ansicht, dass Kunden die Ladenöffnungszeiten bestimmen würden. Aber wir können die Tatsache nicht leugnen, dass auch das Angebot die Nachfrage beeinflusst. Die meisten Kunden denken sich:" Wenn schon geöffnet ist, dann gehe ich halt auch am Samstag nachmittags einkaufen." Wäre dem nicht so, dann würde man damit auch auskommen. Auch wenn manche Sonntags an der Tankstelle einkaufen oder über die staatliche Grenze hinaus Hamstereinkäufe tätigen, die Mehrheit stellt es keinesfalls dar! Daher stellt sich die Frage, wie wir mit diesen Problemfeldern und Paradoxien umgehen. Sie lediglich zur Kenntnis zu nehmen und diese auf scheinbar unbeeinflussbare Mechanismen zurückzuführen scheint mir zu wenig zu sein. Dem nicht genug: Neuerdings wird seitens der Bundespolitik bereits laut darüber nachgedacht, auch die Feiertage abzuschaffen, da sie wettbewerbsstörend seinen. Vielleicht sollten wir auch gleich die Familien abschaffen, weil auch diese wettbewerbsstörend sein könnten?

Mir fällt immer wieder auf, dass viele politische Aktionen in völlig paradoxer Weise voneinander abgekoppelt und unkoordiniert gesetzt werden. Eine EU-weite absolut überparteiliche Plattform, welche keine parteipolitischen Interessen verfolgt, sondern sich für grundlegende Werte unserer Gesellschaft einsetzt, wäre hier wünschenswert.

Selbstorganisation

Selbstorganisation erhält die Stabilität eines Systems aufrecht und ist auch die Fähigkeit von Teilsystemen, ihre Strukturen zu verändern. Wenn ein Teil des Systems verändert wird, bewirkt es auch eine Veränderung des Ganzen. Es ermöglicht das Gleichgewicht zwischen Stabilität und Veränderung. Es bewirkt einen dynamischen Wechselwirkungsprozess, denn die Wirkung der Selbstorganisation hat Einfluss auf das Umfeld. Die Rückwirkung beeinflusst aber auch die Selbstorganisation und ist nicht linear zu verstehen, da das Ganze immer mehr als die Summe der Teile ausmacht.

Also ist Selbstorganisation die Fähigkeit, sich in einem bestehenden System nach den eigenen Bedürfnissen und Zielen in Wechselwirkung mit der Umwelt zu verändern und ins Gleichgewicht zu bringen. Ein System wird verändert, wenn ein Problem ansteht und Ihnen genügend Energie zur Verfügung steht, um es zu meistern. Selbstorganisation ist auch als „kybernetisch wirkende Optimierung" zu verstehen. Kybernetik heißt , die durch eine „Organisation" so gestaltete Optimierung eines Vorganges, dass es sich zur Bestform entwickelt. Es setzt die Eigenverantwortung des Menschen und die Lokalisierung des kybernetischen Knackpunktes eines Vorganges voraus, um den Hebel der Veränderung anzusetzen. Haben Sie es verstanden? Ich nicht! Kybernos kommt aus dem Griechischen und bedeutet vereinfacht ausgedrückt: „Steuermann".

Nicht wie der Wind weht, sondern wie Sie die Segel setzen, darauf kommt es an!

Haben Sie das Steuer Ihres Lebens und Ihrer Zeitressourcen selbst in der Hand?

„Zeit ist das, was uns fehlt,
wenn sich zuviel ereignet."
Manfred Eigen

Zeitmanagement

Dem Gesetz der Evolutionstheorie zufolge würden nur diejenigen überleben, deren Anpassungsgeschwindigkeit mindestens so groß ist wie die Änderungsgeschwindigkeit und Beschleunigung ihres Umfeldes, in dem sie agieren und existieren. Sicherlich gibt es viele Menschen, die mit der Geschwindigkeit des modernen Lebens keine Probleme zu haben scheinen. Als Beispiel seien die Vielmediennutzer genannt oder der Trend zum ständigen Aktionismus. Sind Sie ein Getriebener, der sich von der Zeit treiben lässt? Oder er-„leben" Sie Ihre Zeit bewusst? Mir geht es hier weniger darum, welche Ausprägungen das moderne Leben trotz des Zwangs zur Beschleunigung zulässt, sondern darum, wie verantwortungsvoll wir damit umgehen und unsere Zukunft gestalten.

Unsere Entscheidungen basieren oft mehr auf Geschwindigkeit und Produktivität als auf Qualität. Die klassischen Zeitmanagementtechniken zielen darauf ab, mehr Zeit effizienter zu gestalten, und versuchen, die Zeit zu beschleunigen. John Steinbeck formulierte es so: „ Man verliert die meiste Zeit damit, dass man Zeit gewinnen will."

Nicht die Zeit ist zu knapp, sondern wir wollen zu viele Dinge in ihr erledigen!

Prioritäten setzen

Die Aufforderung, „Prioritäten zu setzen" ist in aller Munde – aber was hat für Sie ganz persönlich wirklich Priorität? Alles scheint oft so wichtig, nichts soll vernachlässigt werden. Außerdem hat dieses „Was ist für mich wichtig?" bei manchen einen Touch von Egoismus. Das Gewissen schaltet sich ein: „Ich habe doch auch Pflichten und Verantwortung!" Keine Sorge! Nur weil Sie wirklich wissen, was Sie ganz persönlich für sich wollen, sind Sie deshalb nicht gleich verantwortungslos und vernachlässigen Ihre Pflichten. Pflichten sollten auch genau hinterfragt werden. Wenn Sie täglich Ihre Prioritäten ordnen, klarer und bewusster denken und handeln, dann sind Ihnen auch die Grenzen Ihrer Verantwortung und Ihrer Pflichten viel bewusster und können daher klarer übernommen werden!

Was ist mir in meinem Leben wirklich wichtig? (Ansehen, Anerkennung, Schwiegermutter, Gesundheit, Familie, Beruf, Liebe, Haustiere, Geld, Sicherheit, gebügelte Wäsche, Freizeit, finanzielle Unabhängigkeit, Hobbys, etc.) Notieren Sie nun Ihre eigene, ganz individuelle Prioritätenliste:

1. ....

2. ....

3. ....

4. ....

5. ....

Setzen Sie Prioritäten und vergleichen Sie noch einmal im Kapitel II/3 welche Werte Sie notiert haben. Machen Sie eine gedankliche Zeitreise und stellen Sie sich nun vor, Sie würden im Sterbebett liegen. Überlegen Sie, was Sie Ihren zukünftigen Hinterbliebenen sagen würden, womit Sie in Ihrem Leben gerne mehr Zeit verbracht hätten. **Haben Sie schon jemanden am Sterbebett sagen hören: „ Hätte ich bloß mehr Zeit im Büro verbracht"?**

> *„Wer immer arbeitet wie ein Pferd,*
> *fleißig ist wie eine Biene,*
> *abends müde ist wie ein Hund,*
> *der sollte zum Tierarzt gehen,*
> *vielleicht ist er ein Kamel."*
> *N.N.*

Das Glück des Tüchtigen kann auch süchtig machen. Für manche ist Arbeit eine Sucht, die wie eine Pflicht aussieht. Workaholics produzieren und werden beim Nichtstun schon nach zehn Minuten kribbelig wie ein Junkie auf Entzug. Außengeleiteter Erfolg und Anerkennung, Topetagen, Leistungswahn und materielle Selbstdarstellung bestimmen bei vielen das Leben. Regelmäßige höhere Dosierungen treiben Arbeitssüchtige bis zur Endstation, zum Burn-out-Finale. Rechtsanwälte in Tokio spezialisieren sich seit vielen Jahren auch auf Schadenersatzklagen wegen „Karoshi" des sogenannten „Todes durch Überarbeitung".

„Manche halten einen vollen Terminkalender für ein erfülltes Leben." (Uhlen-Bruck)
Ich erinnere mich an einen Manager in einem Zeitmanagementseminar, dessen Wunsch es war, dass er es mit Entspannungstechniken schaffen möchte, noch weniger zu schlafen, damit er mehr arbeiten kann. Hier stellt sich auch die Frage: Wer wir sind, unabhängig von der Arbeit?
Es scheint so, als würden manche ihre innere Leere hinter einem ausgefüllten Terminkalender verbergen, um damit ihr labiles Selbstwertgefühl zu kompensieren. Wer selbst erkennt, dass pure Geschäftigkeit auf Dauer nicht nur gesundheitsgefährdend, sondern auch geschäftsschädigend sein kann, hat bereits den ersten und entscheidenden Schritt zur Bewusstseinsänderung getan. Nicht nur Anerkennung, Beförderungen, Lohn, Gehalt und Titel sind die selig machenden Lebensreize, sondern mindestens ebenso die kreativen Freiräume zwischen Familie, Freunden und Ferienzeiten.

Stellen Sie sich täglich morgens folgende Fragen:

1. Was ist heute für mich wichtig?
2. Was muss heute unbedingt erledigt werden?
3. Was kann ich heute für meine Zukunft tun?
4. Stimmen meine täglichen Aktivitäten noch mit meinen Werten und Prioritäten überein?

Es geht nicht nur darum, Prioritäten zu setzen, sondern auch die Zeitressourcen von den eigenen Werten abzuleiten und klare Entscheidungen zu treffen, wovon Sie sich auch lösen können. Weniger ist mehr! Weniges gut zu tun, das schafft Zufriedenheit! Es geht auch nicht darum, wie viel Sie in einer gewissen Zeitspanne erleben, tun oder „konsumieren" können, sondern vor allem um die Frage, wie sinnvoll Sie Ihre Zeit für lohnende Dinge und eine Zukunftsgestaltung einsetzen, die diesen Namen auch verdient.

Wenn die Dinge in Ihrem Leben immer schwieriger werden, wenn 24 Stunden am Tag nicht genug sind, erinnern Sie sich an die Geschichte mit dem „Blumentopf und das Bier":

Ein Professor stand vor seiner Philosophie-Klasse und hatte einige Gegenstände vor sich. Als der Unterricht begann, nahm er wortlos einen sehr großen Blumentopf und begann diesen mit Golfbällen zu füllen. Er fragte die Studenten, ob der Topf nun voll sei. Sie bejahten es. Dann nahm der Professor ein Behältnis mit Kieselsteinen und schüttete diese in den Topf. Er bewegte den Topf sachte und die Kieselsteine rollten in die Leerräume zwischen den Golfbällen. Dann fragte er die Studenten wiederum, ob der Topf nun voll sei. Sie stimmen zu. Der Professor nahm als nächstes eine Dose mit Sand und schüttete diesen in den Topf. Natürlich füllte der Sand den kleinsten verbliebenen Freiraum. Er fragte wiederum, ob der Topf nun voll sei. Die Studenten antworteten einstimmig „ja". Der Professor holte eine Dose Bier unter dem Tisch hervor und schüttete den ganzen Inhalt in den Topf und füllte somit den letzten Raum zwischen den Sandkörnern aus. Die Studenten lachten. „Nun", sagte der Professor, als das Lachen langsam nachließ, „Ich möchte, dass Sie diesen Topf als die Repräsentation Ihres Lebens ansehen. Die Golfbälle sind die wichtigen Dinge in Ihrem Leben: Ihre Familie, Ihre Kinder, Ihre Gesundheit, Ihre Freunde, die bevorzugten, ja leidenschaftlichen Aspekte Ihres Lebens, welche, falls in Ihrem Leben alles verloren ginge und nur noch diese verbleiben würden, Ihr Leben trotzdem noch erfüllend wäre. Die Kieselsteine symbolisieren die anderen Dinge im Leben wie Ihre Arbeit, Ihr Haus, Ihr Auto. Der Sand ist alles andere, die Kleinigkeiten. Falls Sie den Sand zuerst in den Topf geben", fuhr der Professor fort, „hat es weder Platz für die

*Kieselsteine noch für die Golfbälle. Dasselbe gilt für Ihr Leben. Wenn Sie all Ihre Zeit und Energie in Kleinigkeiten investieren, werden Sie nie Platz haben für die wichtigen Dinge. Achten Sie auf die Dinge, welche Ihr Glück gefährden. Spielen Sie mit den Kindern. Nehmen Sie sich Zeit für eine medizinische Untersuchung. Führen Sie Ihren Partner zum Essen aus. Es wird immer noch Zeit bleiben um das Haus zu reinigen oder Pflichten zu erledigen. Achten Sie zuerst auf die Golfbälle, die Dinge, die wirklich wichtig sind. Setzen Sie Ihre Prioritäten. Der Rest ist nur Sand."
Einer der Studenten erhob die Hand und wollte wissen, was denn das Bier repräsentieren soll. Der Professor schmunzelte: „Ich bin froh, dass Sie das fragen. Es ist dafür da, Ihnen zu zeigen, dass, egal wie schwierig Ihr Leben auch sein mag, es immer noch Platz hat für ein Bierchen."*

Um persönlich erfolgreich zu sein, gilt es nicht nur ein ausgefülltes, sondern vor allem ein erfülltes Leben zu führen! Das Wichtige sollte nicht von der Flut des Dringenden überspült werden. Die dringenden Dinge sind nicht immer die wichtigsten! Für die organisierte Unfreiheit des überfüllten Terminkalenders, der keine Spielräume mehr zulässt, sind Sie mitverantwortlich. Sie bestimmen mit, womit Sie Ihre Zeit verbringen wollen. Sie müssen lediglich die Konsequenzen Ihres Handelns tragen.

> *„Nächste Woche kann es keine Krise geben.*
> *Mein Terminkalender ist randvoll!"*
> *Henry A. Kissinger*

Es ist wichtig, Zeitspannen einzuplanen. Wie das Leben so spielt: „Leben ist das, was einem passiert, während man dabei ist, anderes zu planen."(John Lennon)
Natürlich lassen sich keine Stromausfälle oder Unwetterkatastrophen einkalkulieren. Aber wenn Sie nicht in einen Dauerstress kommen wollen, ist es ratsam, immer auch Zeitspannen dafür einzuplanen, um nicht immer zu spät zu kommen oder abgehetzt an den Terminen zu erscheinen. „Festina lente"- Eile langsam. Diese Weisheit von Kaiser Augustus (63 v. bis 14. n. Ch.) hat bis heute an Gültigkeit nichts verloren. Im Gegenteil: **„Zeit hat man nicht – Zeit nimmt man sich!"**

Der Glückexperte Nick Ardagh hat früher als Motivationstrainer gearbeitet. Den Job hat er aufgegeben. Er erzählt in seinem Buch „Klares Sehen"(Lüchow-Verlag), wie es dazu kam: Im Urlaub in Wyouing traf er am See einen Indianer, der angelte. „ Was tun sie da?", fragte Ardagh. „Ich sitze hier und angle", sagte der Indianer . Der Erfolgstrainer: „Kleiner Tipp: Wenn Sie zwei Angeln benutzen, könnten sie mehr Fische fangen." Der Indianer:"Warum sollte ich das tun?" Powerman Argadh:" Weil sie dann mehr Geld hätten. Sie könnten sich ein Boot kaufen." Der Indianer: " Und dann?" Ardagh:" Dann könnten sie jemanden einstellen und sie würden noch mehr Geld verdienen." Der Indianer:" Und dann?" Ardagh:"Dann könnten sie irgendwann eine Fischfabrik bauen und jede Menge Geld haben." Der Indianer:" Und warum sollte ich das tun?" Ardagh: "Dann könnten sie öfter in den Urlaub fahren, etwa zum Angeln." Der Indianer lächelte.

Den Einsatz Ihrer Zeit und Ihres Tuns sollten Sie nicht dem Zufall, den täglichen Routinen und Abläufen oder den wachsenden Turbulenzen überlassen. **Nicht wie viel oder was Sie erreichen, sondern wie Sie es zu erleben verstehen, nicht über was Sie verfügen, sondern womit Sie Ihre Zeit verbringen und wer Sie dabei sind, sollte Ihr Handeln bestimmen, wenn Sie nicht den auf Sie einstürmenden Ereignissen einfach ausgeliefert sein wollen.**
Bereits hier kann der kybernetische Effekt einsetzen. Dieses Bewusstsein zeigt Ihnen den Knackpunkt des Veränderungspotenzials, wie weit Sie vom selbst gesteckten Ziel, zwischen Ist- und Sollzustand, entfernt sind.

„Ich wünsch dir Zeit,
nicht nur alle möglichen Gaben.
Ich wünsch dir nur,
was die meisten glauben, nicht zu haben.

Ich wünsch dir Zeit,
dich zu freuen und zu lachen -
und wenn du sie nutzt,
kannst du viel draus machen.

Ich wünsch dir Zeit,
nach den Sternen zu greifen,
und Zeit, um zu wachsen,
das heißt zu reifen.

Ich wünsch dir Zeit,
neu zu hoffen, zu lieben.
Es hat keinen Sinn,
diese Zeit zu verschieben.

Ich wünsch dir Zeit,
zu dir selber zu finden,
jeden Tag, jede Stunde
als Glück zu empfinden.

Ich wünsch dir Zeit,
auch um zu vergeben -
ich wünsche dir:
ZEIT ZU HABEN ZUM LEBEN."
E. Michler

Machen Sie in der nächsten Grafik eine Bestandsaufnahme, von Ihrem Istzustand.

ZEITKUCHEN – „Istzustand"

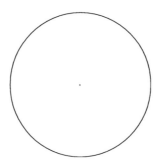

Dies ist Ihre Woche. Wie viel Zeit verwenden Sie selbst für jede der folgenden angeführten Aktivitäten? Teilen Sie Ihre Tätigkeiten wie mit einer Tortengabel ein, ziehen Sie mit einem Stift Linien und tragen Sie anschließend die jeweiligen Aktivitäten ein. Lassen Sie sich bei der Einschätzung von Ihrem Gefühl leiten, wie viel Zeit Sie womit verbringen. Lassen Sie dabei die Anzahl der Stunden, die Sie schlafen außer Betracht.

- Beruf

- Familie/Partner/Freunde

- Fitness- und/oder Freizeit-Aktivitäten bzw. Hobbys

- Zeit für sich selbst

- Hausarbeit

- soziales Engagement, sonstige Aktivitäten

- Gesundheits- und Schönheitspflege

- Sonstiges

Nun machen Sie das Gleiche noch mal mit Ihrem Wunschbild. Machen Sie eine **realistische Einschätzung** dessen, wie Sie es sich wünschen, dass Ihre Woche aussieht.

ZEITKUCHEN- „Sollzustand"

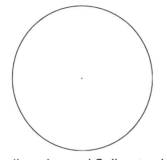

Vergleichen Sie nun Ihren Ist- und Sollzustand.

Was hindert mich daran, meine Wunschsituation herzustellen?

....

....

Welchen Preis hätte es, meine Wunschsituation herzustellen, worauf müsste ich verzichten?

....

....

Was würde ich dabei gewinnen?

....

....

Welche Lösungsmöglichkeiten sehe ich?

....

....

Für diese Thematik können Sie auch den Aktionsplan „Zielrahmen-Fragebogen" aus dem Kapitel „Selbstvereinbarungen" verwenden.

*„ Wer niemals ausrastet,
rastet einmal aus."
N.N.*

Haushalts- und Kinderbetreuungsteilung:

Dieses Kapitel ist nicht nur Frauen vorbehalten. Auch Männer dürfen sich diesem Thema widmen. Vielleicht erfahren Sie etwas, das Ihnen hier helfen könnte, die Frauenwelt mal aus einer anderen Perspektive kennen zu lernen?

Da ich in meinen Trainings für weibliche Mitarbeiter und Führungskräfte in „Frauen- und familienfreundlichen Unternehmen" zum Thema „Vereinbarkeit von Beruf und Familie" tagtäglich mit den Schwierigkeiten dieser Frauen zu tun habe, möchte ich auch auf diese Thematik eingehen.

Kennen Sie den Werbeslogan: „Tagsüber bin ich ein Manager, nachts ein Portier, ich habe das ganze Jahr keinen Urlaub und man nennt mich „Mama"? In einer österreichischen Umfrage wurde festgestellt, dass **erwerbstätige Frauen** durchschnittlich ca. 3,5 Stunden täglich für die Hausarbeit und Kinderbetreuung aufwenden. Wenn man bedenkt, dass der Tagesdurchschnitt 12 Stunden beträgt, dann fragt es sich, wie das bewerkstelligt werden kann. Langfristig kann das nur auf Kosten der eigenen Belastungsressourcen gehen, wenn bedacht wird, dass es vielen Frauen ohnehin schwer fällt, sich auch „Zeit für sich selbst" zu nehmen. Deutsche Sozialpsychologen haben auch herausgefunden, dass das „Supermutti-Syndrom" zunimmt.

Nach wie vor versuchen viele Frauen dem Idealbild der perfekten Frau, in den verschiedenen Rollen als Mutter, Berufstätige, Partnerin etc. zu entsprechen. Dieser Perfektionismus als Triebfeder hat aber einen hohen Preis. **Da der Perfektionsdrang Sie nie zufrieden sein lässt, weil Sie alles noch besser machen wollen, führt dies zur Selbstüberforderung.**

Die mannigfaltigen Rollen bedeuten einerseits Abwechslung und Vielfalt, andererseits können Gefühle der Überforderung und Überbeanspruchung die Folge sein, wenn Sie in jeder Rolle perfekt sein wollen. Auch wenn dies niemals gelingen kann, weil es einfach menschenunmöglich ist, perfekt zu sein, strafen sich viele

Frauen mit enormer Selbstkritik und Selbstabwertung, wenn sie nicht optimal „funktionieren".

Da sich zumeist Frauen nicht nur für die Hausarbeit und Kinderbetreuung, sondern auch für die „Beziehungsarbeit" zuständig und verantwortlich fühlen, werden eigene Bedürfnisse und Wünsche oft nicht mehr wahrgenommen und verdrängt. Nicht nur die Qualität der Beziehungen zu den Kindern, zum Partner, Kollegen etc. nimmt dadurch auf lange Sicht gesehen ab, sondern auch der Bezug zu sich selbst kann dabei verloren gehen. Wenn manche sich doch „selbst etwas Gutes tun" wollen, so machen es viele mit schlechtem Gewissen und damit wird ihr Selbstwert in Mitleidenschaft gezogen. Auch wenn viele Mütter großen Ärger mit ihren Kindern bekommen, wenn sie statt Nutella eine andere Nuss-Nougat-Creme anschleppen, kann man eine Tatsache nicht leugnen: **„Kinder brauchen keine perfekten, sondern zufriedene Mütter!"** Im Übrigen bezieht sich das natürlich auch auf die Väter. Wenn Sie zu Ihren eigenen Bedürfnissen stehen, dann wird es Ihnen leichter fallen, für sich selbst Gutes zu tun!
Wenn Sie auf sich selbst gut schauen, dann hat das eine unmittelbar positive Rückwirkung auf Ihre Kinder, Ihren Partner und das ganze Familiensystem!
Also ist das Kunststück zu vollbringen, Ihre eigenen Bedürfnisse wahrzunehmen, ernst zu nehmen und diese zu leben. Und das kann nur gelingen, wenn Sie lernen, sich nicht primär nach den Erwartungen von anderen zu orientieren, sondern von Ihrem Perfektionismus Abschied zu nehmen, Ihre Ansprüche an sich selbst zu reduzieren, um Hilfe zu bitten und Aufgaben zu delegieren!

> *„Menschen, die Zeit haben, sind auch Menschen,*
> *die nicht glauben, sie müssten alles selbst machen."*
> *Emil Oesch*

Geben Sie nicht auf, sondern ab, was Ihnen zu viel ist!
Im spanischen Dorf Torredonjimeno haben alle Männer von ihrem Bürgermeister donnerstags Ausgehverbot verordnet bekommen. An diesem Tag müssen sie sich statt auszugehen vermehrt um Haushalt und Kinder kümmern, während die Frauen

einen freien Abend genießen können. Übertreter des Verbotes müssen mit einer symbolischen Strafe von 5 Euro rechnen. Das wäre eine sichere Möglichkeit, die Stadtkassen zu füllen. Kommt Ihnen das spanisch vor? Auch wenn sich viele Frauen so einen Bürgermeister wünschen würden, ist Aufgaben zu delegieren keine einfache Sache, vor allem, wenn Sie alle Zügel in der Hand halten möchten.

> *„ Der Hans, der kann`s ,*
> *der Franz kann`s auch –*
> *und alle meine Herrn!*
> *Nur tun sie es halt net gern –*
> *den Abfalleimer leer`n!*
>
> *Wie soll frau Männer dazu bringen?*
> *Die Herrn der Schöpfung sind galant:*
> *Ladies first in Haushaltsdingen -*
> *der Mann hat die Ausred` und die Frau den Grant!"*

Viele meiner Seminarteilnehmerinnen versuchten Ihre Partner in den Haushalt und die Kinderbetreuung einzubinden, doch die meisten erhoben gleichzeitig den Anspruch, der Partner hätte alles so zu verrichten, wie man es selbst tut. Ich denke, so verschieden wie Menschen eben sind, so unterschiedliche Arten gibt es auch, eine Aufgabe zu verrichten. Sie sollten sich nicht erwarten, dass Ihr Partner auf die gleiche Weise wie Sie selbst Haushaltstätigkeiten und die Kinderbetreuung organisiert. Viele Frauen stehen sich damit selbst im Weg. Manche verzichten lieber gleich auf die Unterstützung und tun die Arbeit selbst. Ist es wirklich so schlimm, wenn z.B. ein Mann während des Kochens ein Chaos hinterlässt, sofern er es anschließend wieder in Ordnung bringt – eben auf seine Weise? Gleichheit schafft Vertrauen, aber Verschiedenheit bringt Entwicklung!
Manche behaupten: Männer würden prinzipiell Salz und Pfeffer in die Suppe schütten, noch ehe sie sie überhaupt probiert haben, und grundsätzlich die Weihnachtsgeschenke erst am 24. Dezember vormittags besorgen.
Böse Zungen meinen, dass Frauen gerne mit ihren Freundinnen

Sammelbestellungen beim Versandhandel machen, damit sie eine praktische Antirutschmatte für die Dusche kostenlos dazubekommen, oder die Wohnung putzen, bevor die Putzfrau kommt. Ihre große Sorge sei: „Was soll denn die über uns denken...?"Allan und Barbara Pease haben darauf hingewiesen, dass das Gehirn des Mannes stark spezialisiert ist. Einfach ausgedrückt: „Der Nervenfaserstrang, der seine Hirnhälften miteinander verbindet, das Corpus callosum, ist im Durchschnitt 10 Prozent dünner als der der Frauen und trägt 30 Prozent weniger Verbindungen zwischen linker und rechter Hirnhälfte. Daher hat er seinen ‚Eins nach dem anderen' Ansatz für alles, was er im Leben so tut. Während dieser einspurige, konzentrierte Zugang Frauen als Einschränkung erscheinen mag, erlaubt es dem Mann, ein engagierter Spezialist oder Experte auf einem bestimmten Gebiet zu sein". Wenn aber ein Mann kocht und man mit ihm nebenbei reden will, geschweige denn nörgelt, sollte man laut Ehepaar Pease besser schon mal einen Tisch im Restaurant reservieren. Aber wie erklären wir uns dann, dass Männer Salz und Pfeffer in die Suppe schütten können, noch ehe sie sie probiert haben? So viel zur geschlechtsspezifischen, determinierten Theorie und Praxis über Klischees. Ich denke: „Ausnahmen bestätigen die Regel!" Ich kenne einen Mann, der sich duschen und gleichzeitig seine Socken waschen konnte - weil er beim Duschen die Socken anbehalten hat. Es ist ja bekannt, dass auch Cäsar 7 Sachen auf einmal machen konnte! Und Marilyn Monroe konnte auch nur eine nach der anderen rauchen! Wie früh sich rollenspezifische Verhaltensweisen entwickeln können, zeigte mir, als mich kürzlich mein 5-jähriger Sohn erst nachdem ich fertig war seine Spielsachen wegzuräumen, fragte: „Mama, kann ich dir helfen?" Danach sang er grinsend: „ Jaja, Mama, was sie alles kann, Teppich klopfen, Socken stopfen und noch allerhand...!" Diese Erfahrung war mir eine Lehre! Zwar darf er im Kinderzimmer weiterhin sein Chaos hüten, aber seither achte ich darauf, dass ich nicht mehr hinter ihm her räume und er mir abends helfen muss in der restlichen Wohnung seine Spielsachen aufzuräumen! Unlängst meinte er:" Mama, weißt Du warum ich soviel Unordnung in meinem Zimmer habe? Weil ich so gerne zusammen räume!" Wer`s glaubt wird selig! Rollenspezifisch deswegen, weil Mütter oftmals den Buben gegenüber, wenn auch unbewusst und unbeabsichtigt, mehr Toleranz zeigen, was die Unordnung betrifft. Generationsübergreifende Muster lassen sich eben nicht von heute auf morgen verändern. Dies zeigt sich auch oftmals in Partnerschaften. Das Problem ist, dass es vielen Frauen schwer fällt, die Unordnung, die ihr Partner hinterlässt, zu ignorieren. Warum sollte er denn sein Verhalten ändern, wenn Sie ohnehin hinter ihm her räumen?

Ich erinnere mich auch an eine Situation, als ich es nicht ertragen konnte, dass mein damaliger Partner Leerflaschen in der Küche stehen ließ. Alle rhetorischen Versuche scheiterten mit dem Ergebnis, dass ich es wieder war, die die Flaschen entsorgte. Bis ich eines Tages folgende Methode angewendet habe. Männer kann man nicht mit Umerziehungsprogrammen ändern, aber das eigene Verhalten schon! Ich kündigte an, dass ich die Flaschen in Zukunft nicht mehr wegräumen würde und ließ die Flaschen „einfach" stehen. Das war für mich aber alles andere als „einfach!" Wie sehr ich mich daran gewöhnt hatte, hinter ihm her zu räumen, merkte ich erst, wie schwer es mir fiel, dieses Verhalten zu unterlassen. Als es in der Küche beinahe aussah wie in der Leerguthalle eines Lebensmittelmarktes, geschah jenes Wunder, das vielmehr das Resultat meiner Verhaltensänderung war: Die Flaschen waren weg und mein Partner war noch da! Entscheidend war, dass ich meinem „Wegräumdrang" widerstehen musste und mich an meine Ankündigung gehalten habe. Im Übrigen gibt es diesen Partner und auch die Flaschen heute in meinem Leben nicht mehr! Das ist aber eine andere Geschichte.

Dieses Beispiel soll kein Anreiz sein, um den Partner mit Umerziehungsprogrammen zu manipulieren oder Machtkämpfe heraufzubeschwören. Entscheidend ist es, die eigenen Anteile und Gewohnheiten bei eingespielten Paar-Verhaltensmustern zu erkennen und diese zu ändern. Sie können und sollten nicht andere zu ändern versuchen, sondern diese Energien dafür aufwenden, sich selbst zu verändern! Manche Beziehungen gleichen einer Änderungsschneiderei: Eine Frau auf die Frage nach ihrer Lieblingsbeschäftigung antwortete: „Meinen Mann zu ändern!" Und das macht Ihnen Spaß? Darauf sagte sie: „Spaß nicht, aber es gewährleistet, dass er so bleibt, wie er ist! Einen Mann ändern zu wollen bringt genauso viel, wie wenn Sie auf der Waage den

Bauch einziehen würden!" „Mulier taceat in ecclesia" hieß es im 1. Korintherbrief des Apostels Paulus. Frei übersetzt: Die Frau hat in der Kirche zu schweigen. Ob er deswegen als Macho galt, ist nicht bekannt. Wohl kaum, denn es gibt heutzutage noch genügend Kleriker, die nach wie vor derselben Auffassung sind. Auch wenn keine Frau schweigen sollte und es Paare gibt, die nie miteinander reden, wenn sie nicht streiten würden, bringt Nörgeln gar nichts, außer nicht ernst genommen zu werden! Es ist nicht sinnvoll, Schuldzuweisungen zu machen. Wenn Sie versuchen Männer dafür verantwortlich zu machen, dass sie primär zu den Beziehungsproblemen beitragen, würde das zu kurz greifen. Wer nun glaubt, ich würde den Frauen die Schuld geben, hat weit gefehlt! Es geht vielmehr darum, sich unbewusste Verhaltensweisen bewusst zu machen und nicht wer schuld ist! Verwenden Sie lieber diese vergeudeten Energien dafür, nach konstruktiven Lösungen zu suchen.

Männer bringen Mutti Blumen – „große Jungs" die Wäsche. Natürlich spielt die Erziehung eine große Rolle. Männer, die sehr fürsorgliche Mütter hatten, sind im Haushalt meistens weniger tätig. Das sind aber nur schlechte Angewohnheiten, die durch Ihr eigenes Verhaltensmuster verstärkt werden können. Wenn Sie aber weiter hinter ihm her räumen, sollten Sie bedenken, dass Sie als Mutterersatz für ihn fungieren. Es sei denn, Sie sind mit dieser Rolle zufrieden und es stört sie nicht, wenn er Mutti zu Ihnen sagt. Das Vorurteil, dass angeblich Frauen beim ersten Kennenlernen primär auf die Hände eines Mannes sehen würden, weil die Hände das Einzige sind, was sie morgens zu sehen bekommt, wenn er die Zeitung liest, untermauern meine Beobachtungen, dass oft gerade jene Eigenschaften, die uns anfangs an dem Partner fasziniert haben, später der Grund zur Trennung sein können. Und was würde dagegen sprechen, eventuell eine bezahlte Haushaltshilfe in Anspruch zu nehmen? Viele Frauen argumentieren gerne mit dem geringen Einkommen. Aber oftmals stellte sich dann durch genaueres Hinterfragen heraus, dass man dafür auf viele unnötige Einkäufe verzichten könnte, um sich dafür den „Luxus" einer häuslichen Entlastung zu organisieren. Und wenn es nur die Grobarbeiten wie das Putzen sind, wäre das immerhin schon eine Unterstützung. Diese Zeit könnten Sie dafür mit Dingen verbringen, die Ihnen wichtiger sind als den Boden zu schrubben. Aber hoffentlich nicht, um hinter ihm her zu räumen, bevor die Putzfrau kommt.

Vor langer Zeit machte ich während meiner Ausbildung ein Praktikum bei einer selbstständigen Personalentwicklerin. Diese hatte ihr Büro in ihrer Wohnung integriert. Während ich am PC arbeitete, um sie bei ihrer Arbeit zu unterstützen und ihre Putzfrau die Wohnung saugte, brachte sie es fertig, in dieser Zeit in ihrem angrenzenden Wohnbereich auf der Couch zu liegen, um genüsslich ein Buch zu lesen. Auch wenn ich das bis heute nicht in dieser Ausprägung geschafft habe nachzuahmen, wurde diese Frau für mich zum Vorbild.

Ich als Alleinerzieherin und Unternehmerin nehme nur so viele Aufträge an, dass ich mir auch noch genug Zeit für mich selbst und meinen Sohn nehmen kann. Sie werden vielleicht denken: „Wenn sie es sich leisten kann!"Natürlich musste ich meinen Lebensstandard dafür zurückschrauben, aber mir ist es dieser Luxus "Zeit, um zu leben" einfach wert! Betonen möchte ich aber, dass dies für mich gilt und nicht als Rezept für alle gelten kann! Es war meine individuelle Entscheidung!

Birgit Godina , Polizistin und Personalvertreterin dzt. in Karenz, ehem. Alleinerzieherin , 2 Kinder

„Nachdem ich mit 18 Jahren Mutter wurde, wechselte ich als Kosmetikerin zu Polizei als Politesse. Später landete ich schließlich als eine der ersten weiblichen Sicherheitswachebeamtinnen Österreichs in meinem jetzigen Beruf mit dem Ziel bei der Europol mitzuarbeiten. Ich war 10 Jahre Gleichbehandlungsbeauftragte. Es war mir ein großes Anliegen, dass in unserem Bereich frauen- und familienfreundliche Grundvoraussetzungen geschaffen werden mit dem Bewusstsein, dass Frauenförderung auch immer Familienförderung bedeutet. Der Transport dieser Botschaft ist in einer Männerdomäne wie die der Exekutive sehr wichtig, da dies ja den Männern auch zu Gute kommt. Ich war sehr lange Alleinerzieherin, machte Überstunden auf Zeitausgleich um für mein Kind da zu sein. Ich war immer der Meinung, dass es nicht darauf ankommt, wie viel Zeit man miteinander

verbringt, sondern wie intensiv diese Zeit ist. Im Jahr 2000 ver-
starb meine Tochter unerwartet mit 15 Jahren. Mit Hilfe meiner
Familie, Freunden aber auch der Kollegenschaft lernte ich mit
diesem Verlust zu leben. Dass mittlerweile Frauen im Bereich
der Exekutive großteils nicht mehr in Frage gestellt werden ist
ein Erfolg an dem ich meinen Anteil habe und der mich mit Stolz
erfüllt. Mein größter persönlicher Erfolg ist jedoch, dass ich den
Mut aufgebracht habe meine zweite Tochter auf die Welt zu brin-
gen und sie aus ganzem Herzen zu lieben!"

Ich kenne genug Frauen, die als Kassiererinnen tätig sind und gar
keine Wahl haben, sich mehr Zeit für ihre Kinder zu nehmen. Vor
allem, wenn ich an Alleinerzieherinnen denke. Es sei denn, sie
könnten ihren Job wechseln. Ist es nicht anmaßend, wissen zu
glauben, wie andere zu leben hätten? Manche maßen sich an,
mit verständnisvollem Mitleid zu kommentieren: „Ach, die Arme,
kann ja nicht anders!" Da hat diese Frau wohl das Glück, nicht zum
Opfer einer „vorurteiligen Denunziation" zu werden. Aber wehe,
eine Frau entscheidet sich aus freien Stücken für die Karriere,
schon werden die „geistigen Messer" geschliffen. „Die böse
Rabenmutter und die armen Kinder", geistert es in so manchen
Köpfen herum. Im Übrigen: Wussten Sie, dass Rabenmütter sich
sehr liebevoll um ihre Jungen kümmern?
Der bekannte Kinderpsychiater Max Friedrich sagte Mal in einem
Zeitungsinterview, dass bei der außerfamiliären Kinderbetreuung
Kontinuität wesentlich sei. Dass es wichtig sei, dass die
ausgewählte Betreuungsperson kontinuierlich dieselbe bleibt, da
es für Kinder in den ersten drei Lebensjahren ein großes Problem
sein kann, wenn die Betreuungspersonen wechseln.
Wenn die Kontinuität bei der außerfamiliären Kinderbetreuung
gegeben ist, sei dies für die Entwicklung der Kinder unbedenklich.
Es komme eben auf die Bedingungen an. „Mir ist eine arbeitende
Frau, die am Abend nach Hause kommt und sich auf ihre Kinder
freut, lieber als eine frustrierte Hausfrau, die den ganzen Tag zu
Hause ist", gab Friedrich von sich. Es ist schon sehr bezeichnend,
dass von der mangelnden Väterpräsenz nichts die Rede war. Es
sollte nicht darum gehen, darüber zu urteilen, welche Frauen die
besseren Mütter sind. Jene, die erwerbstätig sind oder jene, die

primär die Kinder selbst betreuen. Tatsache ist, Kinder brauchen zufriedene Mütter! Und was eine Frau zufrieden sein lässt, kann nur jede Frau für sich selbst entscheiden!

Waltraud Knapp, verheiratet, Hausfrau und Mutter von 10 Kindern

„Als Jugendliche wollte ich Sängerin werden, aber ich wollte damals schon eine große Familie mit mindestens 4 Kindern. Ich lasse die Hausarbeit für meine Kinder liegen und stehen, wenn sie mich brauchen. Um die Hausarbeit und Familie zu vereinbaren, muss ich manchmal Nachtschichten einlegen und da ich Frühaufsteherin bin, meistens um 4 Uhr bereits mit der Hausarbeit beginne. Wenn meine Kinder aufstehen, bin ich meistens schon fertig. Meine Kraft und Energie hole ich mir aus meinem Glauben. Damit schärfe ich meine Seele und bringe mir immer wieder zu Bewusstsein, was wirklich meine Lebensaufgabe ist. Die nächsten 10 bis 15 Jahre bin ich sicher mit den Kindern eingedeckt, später möchte ich verstärkt mit meinem Mann als Persönlichkeitstrainerin zusammenarbeiten. Ich möchte mich so weiterentwickeln, dass ich am Ende meines Lebens zurückblicken und sagen kann, es war jede Minute gelebt!"

„Urteile nie über einen anderen Menschen, bevor du nicht 1000 Meilen in seinen Mokassins gegangen bist!" Diese indianische Weisheit bringt gut zum Ausdruck, dass es uns nicht zusteht, über andere zu urteilen, wie sie leben. Jeder ist für seinen Lebensentwurf selbst verantwortlich. Und nur weil ich mich so entschieden habe, heißt das noch lange nicht, dass das Gleiche auch für andere gelten muss! **Das Entscheidendste für mich ist, dass alle Mütter, ob erwerbstätig oder nicht, die wahren Heldinnen des Alltages sind! Das kann nicht oft genug betont werden!**
Die originellste Version der Haushaltsverrichtung sah ich kürzlich in einer Fernsehsendung, als ein durchtrainierter Fitnesstrainer vor laufender Kamera demonstrierte, wie man sich durch Kniebeugen beim Bügeln fit halten könne. Also die meisten bekommen dabei Kreuzschmerzen, und dass er sich den muskulösen Luxuskörper durch das Bügeln erarbeitet hat ist wohl anzuzwei-

feln. Dass die Haushaltsteilung nicht immer zu einer todernsten Angelegenheit erhoben werden muss, zeigt ein kreatives Paar, das regelmäßig Putzorgien feiert. Sie stellen ihre Lieblingsmusik von Bruce Springsteen auf volle Lautstärke und attackieren voller Elan gemeinsam das Haus. Selbst ihre Kinder beteiligen sich begeistert daran. Auch das ist eine nachahmenswerte Methode, um aus dem Geschlechterkampf ein lustvolles Miteinander zu kreieren. Vorausgesetzt, Sie können sich mit Ihrem Partner auf eine Lieblingsmusik einigen!

Stressbewältigung

Stress – wer kennt ihn nicht, wer leidet nicht darunter? Dieses Gefühl, es nicht zu schaffen, überfordert oder überlastet zu sein. Stress macht vor keinem Lebensbereich Halt. Es gibt ihn als Alltagsstress, als Berufsstress, als Schulstress, als Familienstress, Termindruck, Verkehrsstau, Leistungsdruck oder Beziehungskonflikt. Wir kennen Stress als kurz-, mittelfristige oder chronische Überlastung. Zu viel, zu oft und zu lange Stress ausgesetzt zu sein, kann krank machen. Der „moderne" Stress ist die chronisch gewordene Form einer ursprünglich natürlichen lebenserhaltenden Reaktion des Organismus auf Bedrohung und Gefahr. Fast gleichzeitig mit der Wahrnehmung einer Bedrohung setzt eine Reihe von körperlichen Prozessen ein. Bei Menschen wie auch bei Tieren sind diese Reaktionen in der Anfangsphase unbewusst: „Das Gehirn setzt aus." Alle Energien sind für den Ernstfall gerüstet (Kampf oder Flucht). Ist die Gefahr vorbei, schwingt der Körper wieder in den Normalzustand zurück. In unserer Zivilisation fehlt es häufig an Möglichkeiten zur Abarbeitung der Bewegungsenergie und an den notwendigen Regenerationsphasen.

Der Stressforscher Richard Rahe kam bei einer Umfrage zu dem Ergebnis, dass sich seit 1960 der Stresspegel in unserer Gesellschaft um 44 Prozent erhöht hat. Der Wissenschaftler schließt von der Anzahl der Lebensveränderungen, die wir in einer gewissen Zeitspanne zu bewältigen haben, auf das Ausmaß der damit verbundenen Belastung. Je häufiger und je schneller man sich an veränderte Situationen anpassen muss, desto mehr Stress erlebt man und umso gefährdeter sind die seelische wie körperliche Gesundheit, das Wohlbefinden und die Zufriedenheit. Wie schnelllebig unsere Zeit geworden ist, wurde mir deutlich, als ich alle meine Interviewpartner/innen dieses Buches nach ca. 4 Jahren erstmals wieder angerufen habe, um vor dem Buchdruck zu recherchieren, ob die Daten noch aktuell sind. Einer wurde in der Zwischenzeit Vorstandsdirektor, einige geschieden, ein Schauspieler ist gestorben und eine Mutter hatte ihre Tochter verloren. Es war sehr berührend für mich die unterschiedlichsten Lebensgeschichten von Menschen, die ich vor einigen Jahren das letzte mal „hörte" in so komprimierter Form zu erleben. So ist das Leben.

Ursula Nuber vergleicht das Leben in ihrem ausgezeichneten Buch („Die neue Leichtigkeit des Seins. Wege aus dem Alltagsblues") mit einer Wanderschaft. „Noch vor wenigen Jahrzehnten glich das Leben einer geruhsamen Wanderschaft. Man schlenderte in Ruhe von Lebensstation zu Lebensstation - Kindheit, Schulzeit, Ausbildung, Heirat, Familiengründung, Alter-, wusste, was in der jeweiligen Phase von einem erwartet wurde und was man selbst vom Leben und von anderen Menschen erwarten durfte. Wer so durchs Leben pilgerte, hatte die Gewissheit „richtig" zu leben. Diese Gewissheit fehlt uns heute, denn so geradlinig wie früher verläuft unser Leben längst nicht mehr. Statt vorausgeplante Wanderschaften unternehmen wir Kurztrips. Im Beruf veraltet einmal erworbenes Wissen schnell. „Nur nicht nachlassen, immer was Neues lernen, sich niemals auf dem Erreichten ausruhen", heißt die Devise!

Ein gewisses Maß an Stress kann eine aktivierende und motivierende Wirkung haben. Wie viel Ihnen noch gut tut, können nur Sie für sich selbst bestimmen. Doch anstatt sich zu regenerieren, verrichten viele in einem angespannten Zustand die nächsten Aufgaben. Manchmal geht es nicht anders, als eine Sache fertig zu machen oder aufgrund von Zeitdruck die nächste Aufgabe zu erledigen. Sofern es nur vorübergehend ist, spricht auch gar nichts dagegen. Wenn Sie nicht in eine „Burn-out-Spirale" hineingeraten wollen, kann es kein Dauerzustand sein, ohne die nötige Regenerationsphase zu berücksichtigen! „Burn-out" als typische Zeitgeisterscheinung führt zu dem so genannten „Ausgebranntsein". Dem inneren Konflikt zwischen dem, was Sie wollen, und dem, was gut für Sie ist! Wenn Sie etwas so unbedingt erreichen wollen und dabei vergessen, was Sie brauchen. Das „Dauer-Burn-out" entwickelt sich oft aus einer Familiendynamik, die die Unterdrückung der eigenen körperlichen und emotionalen Bedürfnisse gefördert hat. „Dauer-Burn-out" ist oft eine Folge lebenslänglichen Nichtbeachtens des körperlichen und emotionalen Wohlbefindens. Es ist wichtig, sich vor Augen zu halten, dass Ihnen niemand anderer das antut, sondern Sie sich selbst damit im Weg stehen. Die Frage ist, wie viel Stress von außen vorgegeben ist, und wie viel Stress Sie sich möglicherweise selbst machen? Wenn Sie sich oft in wiederkehrenden Stressphasen erleben, so fragen Sie sich, welche „inneren Antreiber" Sie nicht zur Ruhe kommen lassen. Manchmal habe ich den Eindruck, dass viele Menschen in unserer Stresskultur gar nicht mehr abschalten können. Immer ist irgendwo irgendetwas zu tun.

Reinhard M. Czar hat dies in seinem vergnüglichen Urlaubsroman „Sirtaki Souvlaki & Co" gut beschrieben: „Später erst sollte ich erfahren, wie anders doch die Kreter in ihrem Freizeitverhalten als die meisten Mitteleuropäer waren. Stundenlang konnten sie auf ihren Sesseln vor der Kaffeehaustür sitzen und sich am starken Kaffee erfreuen, der mit einem Glas Leitungswasser serviert wurde. Nur dasitzen, schauen und ein wenig reden. Was so idyllisch und einfach klingt, überfordert die meisten Mitteleuropäer gehörig. Wir können nämlich keine Stunde lang nur dasitzen, schauen und ein wenig reden. Nervös werden wir dabei - aus Angst, irgendetwas zu versäumen, von dem wir im Prinzip keine Ahnung haben, was es ist."

Erlauben Sie sich selbst mal nichts zu tun und nur zu faulenzen? Oder haben Sie dabei ein schlechtes Gewissen? Können Sie diese „Auszeiten" als „Tankstelle" genießen, oder empfinden Sie diese Zeit als unnütz, welche gefüllt werden müsste mit Dingen, die noch zu erledigen sind? Wenn ja, geben Sie sich ganz bewusst, den „Erlauber", dass „morgen auch noch ein Tag sei" und „Sie sich nun ausruhen dürfen, weil Sie es einfach verdient haben". Es ist eine Naturgesetzmäßigkeit, dass der Mensch nach Stressphasen auch wieder Erholung braucht. Wer dies umgeht, wird es auf Kosten seiner eigenen Belastbarkeitsressourcen tun.

Wenn Sie dauernd erschöpft und müde sind, sollten Sie nicht gleich schlafen gehen, sondern Energien tanken. Es geht auch um die Bewertung der eigenen Kompetenzen und Ressourcen zur Bewältigung der Belastung. Hierbei spielen Selbstkonzepte und vor allem das Selbstwertgefühl eine wichtige Rolle: Was kann ich, was traue ich mir zu? Aber auch der Rückgriff auf soziale Unterstützung ist von großer Bedeutung für die weitere Einschätzung der Anforderung: Wer kann mir helfen, das Problem zu lösen?

Verläuft Ihr Leben monoton, gilt es nach etwas Anregendem zu suchen. Fühlen Sie sich gelangweilt, sollten Sie etwas Sinnvolles tun. Sind Sie ganz einfach überfordert, sollten Sie zur Ruhe kommen. Nur wer sein Leben auf die geistige Waagschale legt, erkennt, was und wie viel für den Erholungbringenden Ausgleich tatsächlich fehlt.

Tatsache ist, dass nur die Erholten im Leben langfristig gesund und erfolgreich sind!

- Wenn du müde bist, ruh dich aus!
- Wenn du genug hast, hör` auf!
- Wenn du nicht mehr geben willst, sag: "Nein!"
- Wenn du dich zurückziehend möchtest, tue es!
- Wenn du etwas für dich haben willst, bitte darum!

Stressbewältigungsstrategien

Zwischen Flucht und Kampf ist die „Auseinandersetzung mit der Situation" eine mögliche Alternative und ein Lösungsansatz:

1. **Erkennen der Stresssituation:** Die Bewältigung eines Problems beginnt mit dem Bewusst sein, dass es besteht.

2. **Bereitschaft zum eigenverantwortlichen Handeln:** Ohne Rücksicht darauf, wer „schuld" an dem Problem ist

3. **Maßnahmen überlegen**: „Was kann ich realistischerweise tun, um die belastende Situation zu verändern?"

4. **Neue Methoden der Lösung entwickeln!**

Vier Arten der Bewältigung

	AKTIV	INAKTIV
D **I** **R** **E** **K** **T**	• Die stresshafte Situation verändern • Bestimmte Stresseffekte beeinflussen • Positive Einstellung	• Die stresshaften Elemente der Situation ignorieren • Die stresshaften Elemente der Situation vermeiden • Die Situation verlassen
I **N** **D** **I** **R** **E** **K** **T**	• Über Stress sprechen • Selbstveränderung • Andere Tätigkeiten aufnehmen	• Suchtverhalten • Krankheiten • Burn-out Syndrom

• **Welche Stressbewältigungsstrategien wende ich an?**

....

....

Um Hilfe bitten

Um Hilfe zu bitten, fällt vielen Menschen schwer. Es ist, als ob dies ein Eingeständnis für die eigene Unfähigkeit wäre oder aber das unangenehme Gefühl erzeugen könnte, sich von anderen abhängig zu machen.

Eine Teilnehmerin eines „Selbstmotivationsseminars für Unternehmerinnen" beklagte sich darüber, dass ihre Schwiegermutter selten Kinderbetreuungshilfe von selbst anbieten würde und sie zumeist von ihr kritisiert werde. Ich halte es für wichtig, sich Hilfe nicht zu erwarten, sondern selbst darum zu bitten! Und hinter Kritik kann sich auch ein verdeckter Wunsch nach Anerkennung verbergen. Auch wenn manche am liebsten ihre Schwiegermutter vom Balkon stoßen würden, um zu sehen, ob Drachen fliegen können, sollte man nicht vergessen, dass auch Schwiegermütter Anerkennung brauchen. Es ist wichtig, ihnen diese Anerkennung zu geben und trotzdem darauf zu achten, sich abzugrenzen, wenn es zu Grenzüberschreitungen kommen sollte. Aber die Erfahrung zeigt, dass Menschen, die sich anerkannt fühlen, wegen der Hilfe, die sie leisten, auch weniger zu Kritik neigen. Um Hilfe zu bitten, heißt noch lange nicht, dass Sie unfähig sind, Ihr Leben selbst in der Hand zu habe, und bedeutet dadurch nicht Abhängigkeit. Ganz im Gegenteil: Es zeigt, dass Sie die Fähigkeit haben, auf Ihr Belastungspotenzial zu achten, geben sich selbst und anderen Menschen damit die Möglichkeit, sich besser zu fühlen. Sie, weil Sie entlastet sind, und die anderen, weil sie sich damit gebraucht und anerkannt fühlen. Wenn Ihnen jemand hilft, dann ist das ein Geschenk, freuen Sie sich und sagen Sie einfach lächelnd danke! Hilfe dankend annehmen zu können ist keine Schwäche, sondern eine Stärke. Die Stärke, sich selbst damit Gutes zu tun, und anderen das Gefühl zu vermitteln, dass sie für Sie wichtig sind!

Check-up „Delegations-Regeln"	**Die schlechten Antworten wären:**
• **WAS** soll getan werden? (Inhalt/Umfang/Details)	Alles
• **WER** soll es tun? (Personen)	Ich
• **WARUM** soll die Person das tun? (Motivation/Ziel)	Nur ich kann es

- **WIE** soll er/sie es tun?   perfekt
  (Umfang/Details)

- **WANN** soll es erledigt sein? (Termine)   Sofort

Geistige Flexibilität

> *„Leben ist das, was geschieht,*
> *während wir andere Pläne schmieden."*
> John Lennon

Der Sohn einer Bekannten malte ein Bild nach, das er in einer TV-Bastelsendung gesehen hatte, und war sehr frustriert darüber, dass es nicht genau so wurde, wie er es haben wollte. Er weinte und war sehr unglücklich darüber. Die Beschwichtigungsversuche seiner Mutter, dass es ein wunderschönes Bild sei, zwar nicht so, wie er es haben wollte, aber eben anders schön, stießen bei ihm vorerst nur auf Widerstand. Aber am nächsten Morgen sah sich der Bub das Bild nochmals an, strahlte über das ganze Gesicht und war hoch zufrieden mit seinem Werk. Auch Erwachsene können sich in ähnlichen Situationen wiederfinden. Wie oft wollten Sie, dass etwas so zu sein hat, wie Sie es sich vorgenommen haben, und waren frustriert, wenn das Leben einen Strich durch die Rechnung machte? Angenommen, Sie haben einen Termin zu einer wichtigen Besprechung und wollen vorher noch Ihr Kind zur Oma bringen. Aber auf der Fahrt kommen Sie in einen Verkehrsstau. Würden Sie Ihr Vorhaben durchziehen, hätte das die Folge, zu spät zu Ihrem Termin zu kommen. Was würden Sie tun? Sie können sich nach einem kurzen „geistigen Szenario" überlegen, welche Konsequenzen das für Sie hätte: Ihre Pläne ändern, den Termin verschieben? Oder Sie nehmen Ihr Kind zu dem Termin mit. Sie können Ihre Energien verschwenden, indem Sie sich ärgern, im Stau zu stehen oder in Kauf zu nehmen, zu spät zu Ihrem Termin zu kommen, oder aber Sie nehmen die gegebenen Umstände zur Kenntnis und entscheiden sich stattdessen, Ihren Plan zu ändern. Das Festhalten an der eigenen Vorstellung kann auch zum Stressfaktor werden. Manchmal ist es notwendig, von einer

Abmachung wieder Abstand zu nehmen und nach einer neuen Lösung zu suchen. Sie ersparen sich in solchen Situationen viel Stress, wenn Sie geistig flexibel sind und von Ihrer Vorstellung Abschied nehmen, um eine neue Strategie zu entwickeln.

Abschied vom Perfektionismus

Wie können Sie sich vom Zwang des Perfektionismus lösen? Indem Sie sich bewusst machen, dass Leistung von Ihrem Selbstwert unabhängig ist, und Sie Ihr Selbstwertgefühl aufbauen. Sei es durch alles, was Ihnen persönlich gut tut, aber auch, indem Sie sich immer wieder in Erinnerung rufen, dass Sie jenseits Ihrer Leistungen um Ihrer selbst willen liebenswert und einzigartig sind! Perfektionismus ist der Kampf zwischen dem wahren Selbst und dem Überich. Die Verleugnung des wahren Selbst führt zu übertriebenem Perfektionismus. Wenn Sie auf Ihr wahres Ich vertrauen, würden Sie diesen Kreislauf hinterfragen. Sie würden deutlich spüren, wann Sie kürzer treten oder/und sich außerhalb der Arbeit zu regenerieren sollten.

Ich könnte es mir seit der Geburt meines Sohnes gar nicht leisten, perfektionistisch zu sein. Immer ist irgendetwas nicht erledigt und noch offen. Ich musste mühsam erlernen, lediglich die dringendsten Dinge zu erledigen und es auszuhalten, dass immer irgendeine Arbeit auf sich warten lässt. Da ich mein Büro im Privatbereich untergebracht habe, war es für mich am schwierigsten, meine Arbeiten zu unterbrechen, wenn mein Sohn meine Aufmerksamkeit einforderte. Inzwischen habe ich mich derart daran gewöhnt, dass dies zu meinem Arbeitsstil geworden ist, und entwickelte dadurch auch die nötige Flexibilität Wichtiges von nicht so Wichtigem zu unterscheiden. Während er im Kindergarten ist, erledige ich jene Dinge, bei denen ich sehr konzentriert sein muss und ungestört sein will. Viele Mütter rasen nach der Arbeit mit schlechtem Gewissen zum Kindergarten, um ihre Kinder sofort abzuholen, obwohl sie die Möglichkeit hätten, z. B. die Einkäufe noch vorher in Ruhe zu erledigen. Das habe ich auch gemacht, bis ich eingesehen habe, dass dies weder mir noch meinem Sohn nützte. Seitdem ich das anders organisiert habe, können wir uns viel entspannter aufeinander freuen, als wenn der gemeinsam erlebte Stress im Supermarkt mein schlechtes Gewissen wettmachen sollte. Dies gelang nur durch das Loslassen, perfekt sein zu wollen.

Ich kenne eine Frau, die in Krisensituationen ganz ruhig wird, aber wenn sie mal ihren Schlüssel verlegt hat, aus der Fassung geraten kann. Eine gewisse Zerstreutheit scheint ihr in die Wiege gelegt worden zu sein. Am liebsten legt sie vor der Abfahrt irgendwelche Gegenstände wie z. B. die Geldtasche auf das Autodach, fährt los und wundert sich, dass ihr die Leute so freundlich zuwinken. Zu dieser Frau sagt mein Sohn „Mama".

Schon in meiner Jugendzeit sorgte ich in meiner Familie mit meiner Zerstreutheit für Unterhaltung. Wenn wir keine Müllsackerln mehr hatten, verwendeten wir, wie viele andere einfach Plastikeinkaufstaschen. An einem Morgen nahm ich zwar das Müllplastiksackerl in die Hand, hatte vor es in den Müllcontainer zu werfen, vergaß darauf, und stieg damit in die Straßenbahn ein, sah mich mit verdächtigendem Blick um und fragte mich ahnungslos warum es da so einen Gestank gab.

Ein anderes mal ging ich mit dem prall gefüllten, gelben Mistsackerl mit der Aufschrift eines sehr bekannten Lebensmittelgeschäftes schnurstracks ausgerechnet in dieses Geschäft einkaufen. Als ich das Malheur erkannte und mit dem Mistplastiksackerl peinlich berührt in dem Geschäft stand, wusste ich zuerst nicht was ich machen soll. So sprach ich etwas verlegen eine Verkäuferin an, ob sie mir das Sackerl abnehmen könnte, damit nicht die Kassiererin glaubt, ich hätte den Inhalt im Geschäft verzehrt.

Ich erhebe an mich nicht den Anspruch als Trainerin und Beraterin zu diesen Themen über den Dingen zu stehen und immer alles im Griff haben zu müssen. Ich stelle mich als Referentin auf kein Podest, sondern leiste mir den Luxus möglichst authentisch zu sein. Dafür weiß ich aber wenigstens wovon ich rede, wenn ich in meinen Seminaren referiere.

Vorausgesetzt ich befinde mich gerade im richtigen Seminarraum. Unlängst war ich erstaunt, dass bei einem Seminar mit dem Thema: „Vom Chaos zur Selbstorganisation" mehr Teilnehmer als angemeldet anwesend waren. Als ich das Seminar eröffnen wollte, stellte sich heraus, dass ich im falschen Seminarraum war.

Diese Gruppe war hier, um die „Neue Rechtschreibordnung" zu lernen. Vielleicht hätte ich doch gleich dort bleiben sollen, dann hätte ich mir mit dem Schreiben dieses Buches wesentlich leichter getan! Im Übrigen ist es viel lustvoller, einzigartig zu sein als perfekt! Gerade unsere kleinen Macken, Obsessionen und Zwänge sind genau das, was uns einzigartig und liebenswert macht!

Sünden-Tagebuch:
Führen Sie ein „Sünden-Tagebuch." Probieren Sie es einfach einmal aus, nicht perfekt zu sein. Erlauben Sie sich mal Dinge, die dem Perfektionismus widerstreben; nämlich nicht alles doppelt oder dreifach genau zu erledigen. Notieren Sie sich in Ihrem „Sünden-Tagebuch", wenn es Ihnen gelungen ist, „alle fünf mal gerade stehen zu lassen", z. B. nicht den Geschäftsbrief 3-mal wegen einiger „Kommafehler" zu erneuern, nicht das Abendmahl damit entschuldigend zu kommentieren, dass die Sauce etwas versalzen sei oder einfach mal eine Tätigkeit auf morgen zu verschieben, weil „ Morgen auch noch ein Tag ist"! Sie können sich ja bei Ihrer Chefin oder Ihrem Mann auf mich berufen. Aber erwarten Sie sich nicht, dass ich mich dafür entschuldigen werde! Üben Sie sich darin, unvollkommen zu sein, denn dann sind Sie menschlich und liebenswert!

- **Mein „Sünden-Tagebuch": Heute ist es mir gelungen, nicht ...**

....

....

Abgrenzung:

Sie haben etwas Wichtiges zu erledigen, plötzlich läutet das Telefon, eine gute Bekannte ist dran und erzählt Ihnen Belangloses. Anstatt sie zu unterbrechen und ihr klar zu machen, dass Sie gerade keine Zeit haben, hören Sie ihr unaufmerksam zu. Kommt Ihnen das bekannt vor? Oft werden die eigenen Bedürfnisse übergangen, aus Angst man könnte sein Gegenüber verletzen.

Aber zwischen den beiden Extremen, sich selbst zu übergehen oder den anderen zu verletzen gibt es noch eine Alternative. Sie könnten ihr höflich zu verstehen geben, dass sie gerade etwas erledigen müssen, sie sich gerne mehr Zeit nehmen würden für das Gespräch mit ihr und dafür anbieten, sich zu einem anderen Zeitpunkt wieder zu melden. Vielen Menschen fällt das „Neinsagen" sehr schwer. Lieber bringen sie sich selbst in unangenehme Situationen der Überforderung als jemandem gegenüber ein klares Nein auszusprechen. Vielleicht verstehen wir Neinsagen immer noch nicht als eine Alternative zum Jasagen, sondern als Mittel, den anderen Menschen zu kränken. Der ungeübte Neinsager wird sein Nein schroff und brüsk vorbringen, verletzend. Vor allem dann, wenn er sich nie erlaubt nein zu sagen und sich die Unfähigkeit sich abzugrenzen in Wutgefühlen aufgestaut hat. Er hat nicht gelernt, dass er nein sagen darf. **Eine freundlich präsentierte Absage verletzt keine Gefühle, sondern verdeutlicht Ihren Standpunkt!** Diese Einsicht hilft Ihnen Ihre Ichgrenzen zu respektieren und sich zu erlauben nein zu sagen. Ich erinnere mich an eine Coaching-Kundin, die sich darüber beschwerte, dass sie völlig überfordert sei und sich von anderen ausgenutzt fühle. Im Zuge unseres Gespräches war es ihr möglich zu erkennen, dass es primär am Unvermögen lag, ein klares Nein auszusprechen, da sie den vermeintlichen Vorteil darin sah, von anderen geliebt und anerkannt zu werden. Doch das stellte sich als Irrtum heraus. Das war zwar ihr Wunsch, aber der Wermutstropfen folgte: die Erkenntnis, dass sie nicht von allen Menschen geliebt werden kann! Und nach einem längeren Prozess der Umsetzung unserer gemeinsam erarbeiteten Strategien stellte sie verwundert, aber erfreut fest, dass ihr erst durch das klare Abgrenzen von Aufgaben, die sie nicht machen wollte oder konnte, von ihrem Umfeld nicht weniger, sondern mehr Respekt entgegengebracht wurde. Vor allem bei Grenzgängern, das heißt Menschen, die das Nein nicht respektieren und das N.E.I.N. als „Noch. Einen. Impuls. Nötig" verstehen, ist es umso wichtiger, die eigenen Grenzen deutlich zu machen! Wir sollten uns verbeugen vor der Individualität von uns selbst und der anderen. Die Ichgrenzen sind zu respektieren. Und das ist nur möglich, wenn Sie Ihre eigenen Grenzen erkennen und anerkennen. Dann können Sie das auch anderen vermitteln und nur dann werden auch andere diese Grenzen respektieren. Auch wenn andere Erwartungen an Sie stellen, ist es entscheidend, wie Sie damit umgehen:

„Ich darf Belastungen am eigenen Potenzial und nicht an den Erwartungen anderer messen!"

Das Leben vereinfachen

> *„Das einzig Konstante*
> *ist die Veränderung."*
> *Albert Einstein*

Wie viele Dinge haben Sie in Ihrer Wohnung oder in Ihrem Haus, die Sie in den letzten Monaten kaum verwendet haben? Wenn wir unser Heim entsorgen, entrümpeln wir damit auch unsere Seele. Es ist unnötiger Ballast, den wir mit uns herumschleppen. Ich habe es mir zur Angewohnheit gemacht, wöchentlich die Wohnung zu entsorgen. Ich bin immer wieder erstaunt, wie viele Gegenstände, Bücher, Kleidung etc. zu finden sind, welche ich nicht mehr gebrauche. Und es setzt jedes Mal ungeheure Energien in mir frei, wenn ich mich immer wieder von dem Gerümpel löse. Nur wer sich wandelt, bleibt sich selbst treu. Wenn Sie sich von dem ungebrauchten Krempel lösen, schaffen Sie Platz für Neues. Nicht nur auf der materiellen Ebene. Sondern es schafft auch Raum für psychische Energien, eine neue Identität, neue Ideen und neue Möglichkeiten in Ihrem Leben.

Zeit für sich selbst

„Wer den Ruf eines Frühaufstehers hat, darf getrost den ganzen Morgen im Bett bleiben."
Es ist schon interessant, dass es die meisten von uns als selbstverständlich sehen, Termine im Kalender einzutragen, aber die „Zeit für sich selbst" lediglich zwischendurch eingeschoben wird, soferne noch Zeit bleibt.
Haben Sie in Ihrem Kalender diese Zeit für sich auch reserviert?

Wenn nicht, so möchte ich Sie dazu anregen. Eine gute Freundin von mir hatte eine fabelhafte Idee: Da sie die Erfahrung machte, dass sie die „Zeit für sich selbst" immer wieder durch andere Erledigungen ersetzte, schnitt sie einfach aus dem Kalender diese „Zeiten für sich selbst" mit der Schere aus. So konnte sie diese Zeit nicht wieder mit anderen Terminen füllen. Wenn Sie sich keine Zeit für diese „Basteltechnik" nehmen wollen, so wäre es eine Alternative, Ihre tägliche To-do-Liste mit Tätigkeiten zu ergänzen, die scheinbar nutzlos sind, Ihnen aber gut tun: 1. Klempner anrufen, 2. Business-Meeting, 3. Pralinen auf der Parkbank essen, 4. Konferenz , 5. Mir selbst Blumen kaufen. So vergessen Sie dabei nicht auf jene Dinge, die Ihnen einfach Freude machen und Ihnen gut tun!

Sich selbst Gutes tun

Wenn Sie sich in den „Zeiten für sich selbst" als Regenerationsphasen Gutes tun, sich selbst belohnen für Ihre geleisteten Anstrengungen, kommt es nicht darauf an, was Sie machen, sondern vor allem, WIE sie es machen. Eine ganz bewusst eingelegte Pause mit einer Tasse Tee oder ein ausgedehntes Schaumbad kann manchmal mehr bringen als ein stressiger, halbherzig wahrgenommener Kurzurlaub. Entscheidend ist das bewusste Genießen von dem, was auch immer Ihnen gut tut!
Auch ein Kurzurlaub bleibt ohne Erholungswirkung, wenn der Übergang von der Anstrengung zur Entspannung zu abrupt geschieht. Wichtig ist eine Aufwärmphase zur Umorientierung. Arbeits- und Freizeitstress können sich sonst gegenseitig aufschaukeln. Gezielte Entspannungsmethoden wie z.B. Qigong, Meditation, Autogenes Training, „Atemtechniken" oder die „Übung zum Einstimmen" des ersten Kapitels können dabei unterstützend wirken.

„Kinder spielen wie sprudelnde Quellen,
wie Sonnenstrahlen, wie ziehende Wolken.
Versuche dieses Gefühl des Erfülltseins
in deinem Tun wiederzufinden.
Und dein Leben wird sich wandeln."
Dugpa Rimpoche

Entrümpeln Sie Ihre „Frei-Zeiten" von den üblichen Pflichten und Routinen. Frühstücken Sie im Kaffeehaus, lesen Sie in aller Ruhe die Zeitung oder verlieren Sie sich in einem Buch. Gehen Sie in die Sauna, gönnen Sie sich eine Massage, besuchen Sie eine Galerie, finden Sie jene Kraftorte, die Sie aufatmen lassen. Machen Sie einen Spaziergang in der Natur, setzen Sie sich auf dem Spielplatz auf eine Schaukel. Gehen Sie barfuß im Garten oder im Park, spüren Sie die Erde unter Ihren Füssen. Jodeln Sie in der Badewanne, umgeben Sie sich mit Düften und Stimmungsbildern, Kerzen und Blumen. Wiegen Sie sich in Musik. Blättern Sie in Fotoalben, schreiben Sie ein Tagebuch oder Briefe an Ihre Freunde. Erlauben Sie sich trotz Diät ein Stück Schokolade als Dessert zu genießen, immerhin baut dieses Kakaoprodukt Stresshormone ab. Bedenken Sie das sich „STRESSED" in umgekehrter Reihenfolge als „DESSERTS" lesen lässt. Lächeln Sie in den Spiegel, schneiden Sie eine Grimasse, geben Sie dem Kind in Ihnen viel Raum, spielen, malen, singen, meditieren Sie. Nehmen Sie sich Zeit für Ihr Hobby. Singen und tanzen Sie sooft es Ihnen möglich ist. Am liebsten singe ich beim Autofahren, gemeinsam mit meinem Sohn, früh morgens wenn wir in den Kindergarten fahren. Es gibt unendlich viele Möglichkeiten, um die Zeit, den Alltag und die Welt kurz anzuhalten. Für einen Moment. Für einen Augenblick.

Nachdem ich das Rauchen massiv eingeschränkt habe, unterschrieb ich stattdessen einen Jahresvertrag im Fitnessstudio und kaufte mir ein Sprudelfußmassagegerät. Mit dem ersparten Qualmgeld kann ich das ganze Jahr das Fitnessstudio besuchen und bis ans Ende meiner Tage Sprudelfußmassagen genießen. Das hat mich überzeugt! Außerdem mixe ich mir selbst ein Körperduftöl und kaufe mir wöchentlich einen duftenden Strauß Blumen. Seitdem ich aufs Rauchen pfeife, pfeift auch meine Lunge nicht mehr. Keine Sorge, ich mutiere weder zum Gesundheitsapostel noch wird dieses Buch von einem Fitnessclub gesponsert. Und von einem Qualm-Konzern schon gar nicht!
Ab und zu gönne ich mir schon mal eine Genusszigarette. Sollten Sie vielleicht doch die Absicht haben, meinem unbeabsichtigten Beispiel zu folgen, bitte ich Sie dem Kleingedruckten besondere

Beachtung zu schenken. *Warnung des Gesundheitsministeriums: Regelmäßige Fitness und Sprudelfußmassagen können Ihr Wohlbefinden steigern!*

Kraftrituale

Kraftrituale sollten Sie am besten nicht erst machen, wenn Sie bereits erschöpft sind. Der Sonntag gilt in unserer Leistungsgesellschaft als Tag zum Ausruhen von den Anstrengungen der letzten Woche. Aber der Sonntag kann auch als Belohung für die kommende Woche gesehen werden. Als Krafttanken für das, was kommt. Unter diesem Gesichtspunkt dürfen Sie schon vor der Arbeit Kraft tanken.

Kommt Ihnen das bekannt vor? Immer ist irgendetwas zu tun, immer ist irgendetwas unerledigt und wartet darauf, auf den Stapel der erledigten Dinge befördert zu werden. Daher fällt es uns besonders schwer, sich selbst etwas Gutes zu tun, wenn gleichzeitig die Arbeit auf uns wartet. Ich habe es mir mittlerweile zur Angewohnheit gemacht, alles liegen und stehen zu lassen, gerade dann, wenn das Chaos auszubrechen droht, um ins Fitnesscenter zu gehen. Anfangs war das ein Pferdefuß für mich, das zu wagen. Aber inzwischen fällt mir das durchaus leicht, weil ich die Gewissheit habe, dass ich anschließend mit viel mehr Elan und Energien meine offenen Tätigkeiten verrichte und dementsprechend schneller fertig bin, als wenn ich demotiviert die Arbeiten erledigen würde. Natürlich ist das nur möglich, wenn man sich die Zeit auch selbst einteilen kann. Originell finde ich die Idee, dass in einer deutschen Kirche „Mittagsschläfchen für gestresste Manager" angeboten wird. Sie bekommen ein Bett, eine Tasse Kräutertee und werden nach einer Stunde Schlaf geweckt! Ein nachahmenswertes Projekt- „Kirche als Stundenhotel"!
Ich beginne jeden Morgen mit einem Qigong-Ritual. Mein Sohn war es bereits als Baby gewohnt, seine Mama bei ihren seltsamen Bewegungen zu beobachten und er weiß, dass diese tägliche Viertelstunde mir gehört und respektiert das. Die konzentrierten Bewegungen und Atemübungen lassen mich den Tag gelassen und bewusst begrüßen. Der bekannte Managementberater Dr.

Klaus Woltron hat es sich zur Gewohnheit gemacht, (auch wenn sich die Arbeit auf seinem Schreibtisch stapelt), bevor er morgens ins Büro geht, einen ausgedehnten Spaziergang im Stadtpark zu machen. Auch dieses Ritual ermöglicht einen bewussten Einstieg in den Arbeitstag und Kraft dafür zu sammeln.

Wenn Sie sich keine Zeit für solche Morgenspaziergänge nehmen wollen, so steigen Sie z. B. eine Station früher aus dem Bus aus und spazieren Sie diese Strecke ganz bewusst ins Büro.

Dasselbe könnten Sie bei der Heimfahrt machen. Am liebsten fahre ich mit Eros Ramazotti auf dem Fahrrad zu meinen Terminen – leider nur musikalisch per Walkman. Als Autofahrer könnten Sie sich ganz bewusst eine spezielle Lieblingsmusik im Autoradio anhören, um die beruflichen Gedanken am Arbeitsplatz zu lassen und abzuschalten. Ob Auto, öffentliche Verkehrmittel oder Fahrrad: auf diese Weise können Sie vom Bürostress Abstand nehmen und diesen im wahrsten Sinne des Wortes auf der „Strecke lassen". Nützen Sie z. B. auch Wartezeiten bei Stau im Straßenverkehr, beim Arzt oder in Warteschlangen im Supermarkt für „ganz bewusstes, tiefes Atmen", um sich zu entspannen, statt sich darüber zu ärgern, dass nichts weitergeht.

- **Welche Kraftrituale möchte ich in Zukunft machen?**

....

....

Innere Balance finden:

Damit Freizeit zur Glücksquelle, zum Abstand vom Alltag und zur Befreiung von Zwängen wird, ist es sinnvoll, sich immer wieder Zeitinseln zu schaffen, in denen Sie einfach nichts tun müssen. Einfach einen Augenblick genießen. Alleinsein mit sich selbst, in aller Stille und in aller Gelassenheit. Die Sehnsucht nach sich selbst ist da und lebt in Ihnen! Nicht auf die Dauer kommt es dabei an, sondern auf die Intensität.

- **Was kann mich geistig, seelisch und körperlich unmittelbar kräftigen? Welche Aktivitäten habe ich in den letzten Monaten wirklich genossen, was hat mich zutiefst erfreut, seelisch aufgebaut? Was davon werde ich heute für mich tun?**

....

....

Sie sollten jeden Tag etwas tun, das Ihnen große Freude bereitet und Ihnen gut tut! Dies ist keine Aufforderung zur Kultivierung Ihrer Egozentrik, sondern: Wer nicht genussfähig ist, hat keine Ideen zur Optimierung der Lebensqualität. Wer nicht zu genießen versteht, ist unfähig zur Muße. **Auf die innere Balance zu achten, ist der aktive Regenerationsprozess, der Zufriedenheit bewirkt und Sie wieder einsatzbereit macht!**

ZUSAMMENFASSUNG
INDIVIDUELLER STRESSBEWÄLTIGUNGSMASSNAHMEN

- Überprüfen Sie Ihre beruflichen & persönlichen Zielsetzungen.

- Berücksichtigen Sie auch die Wahl der richtigen Zeitpunkte und Zeitspannen.

- Achten Sie auf Ihre eigenen Ressourcen & Grenzen.

- Aktivieren Sie Ihre Kraft in Ihnen selbst durch Rituale & Entspannungstechniken.

- Lernen Sie „Neinsagen" und Aufgaben zu delegieren.

- Bitten Sie um Hilfe und nehmen Sie diese dankend an.

- Widerstehen Sie dem Drang des „Hinterherräumens".

- Üben Sie sich in geistiger Flexibilität, ändern Sie Ihre Pläne, wenn es erforderlich ist.

- Verabschieden Sie sich vom Perfektionismus & bauen Sie Ihren Selbstwert auf.

- Setzen Sie sich mit der Situation auseinander als Alternative zwischen „Flucht oder Kampfverhalten".

- Schaffen Sie sich „Zeitinseln", planen Sie „Zeiten für sich selbst" und tragen Sie diese auch im Kalender ein!

- Legen Sie Pausen ein & belohnen Sie sich selbst für Teilzielerreichungen.

- Singen und tanzen Sie sooft es Ihnen möglich ist und betreiben Sie Sport.

- Lachen Sie über sich, über andere und vielleicht auch über mich.

Es ist schon großartig, wenn es Ihnen gelingt nur ein paar dieser Strategien anzuwenden. Denn wenn Sie den gesamten Stressbewältigungsmaßnahmen-Katalog erfolgreich umgesetzt haben, sind Sie PERFEKT! In diesem Fall beginnen Sie wieder beim Kapitel „ Abschied vom Perfektionismus!"

2. SATIRISCHE GEBRAUCHSANWEISUNG ZUM MISSERFOLG

1. Setzen Sie sich Ziele, die Ihnen keine Freude machen!

Setzen Sie sich Ziele, die Ihnen keine Freude machen und die von anderen bestimmt werden. Es sollten Ziele sein, die völlig Ihren Grundwerten widersprechen. Überholen Sie ständig die Ziele anderer, aber setzen Sie niemals Ihre eigenen um!

2. Lernaufgaben als Probleme!

Sehen Sie herausfordernde Lernaufgaben als Probleme. Überlegen Sie, welches Problem in jeder Lernaufgabe zu sehen ist. Wenn Sie das Problem geortet haben, erklären Sie es als unlösbar! Immerhin findet der Pessimist zu jeder Lösung das passende Problem.

3. Machen Sie sich Ihre Schwächen bewusst!

Schenken Sie nur Ihren Schwächen und Fehlern große Beachtung und sehen Sie Ihre Stärken als selbstverständlich. Ein „Das kann ich nie!" bewirkt einen ungeheueren Demotivationsschub! "Sollte Ihnen doch einmal etwas gelingen (was bei Einhaltung dieser Tipps sehr unwahrscheinlich ist), dann führen Sie das auf einen „zufälligen Zufall" hin und sagen sie sich: „ Das hätte doch jeder geschafft!

4. Formulieren Sie negative Glaubensgrundsätze!

Es gibt Glaubensgrundsätze wie „Arbeiten macht Spaß" und es gibt hemmende. Denken Sie sich bereits am frühen Morgen: „ Schon wieder Montag! „ und schreiben Sie z. B. „Arbeiten muss nun mal sein" auf Ihren Badezimmerspiegel. Machen Sie einen kurzen Blick in den Spiegel und sollten Sie sich darin erkennen, ziehen Sie die Mundwinkel ganz tief nach unten. Die Demotivation dieses Tages ist Ihnen gewiss!

5. Kritisieren Sie sich selbst, seien Sie risikolos & undankbar!

Üben Sie sich im Perfektionismus. Seien Sie immer unzufrieden mit sich selbst, vergleichen Sie sich ständig mit anderen und seien Sie undankbar für Hinweise, wenn Sie einen Fehler gemacht haben. Gehen Sie immer auf Nummer sicher und riskieren Sie nichts! Andernfalls wäre das zu riskant!

6. Denken Sie daran, sich selbst zu bestrafen!

Wenn Sie täglich die vielen kleinen Misserfolge des Tages auf Ihr „gedankliches Misserfolgskonto" buchen und sich selbst kritisieren („Da habe ich wieder völlig versagt!") und sich selbst dafür bestrafen, führen Sie sich damit selbst zu immer größeren Misserfolgen!

7. Lassen Sie sich entmutigen!

Hören Sie auf neidische Mitmenschen Ihrer Umgebung. Suchen Sie sich insbesondere Genossen, von denen Sie wissen, dass sie selbst versagt haben und lassen Sie sich durch gutgemeinte, demotivierende Ratschläge entmutigen! Dadurch wird Ihre Demotivation ständig steigen.

Gelingt es Ihnen, alle sieben Punkte konsequent umzusetzen, können Sie sicher sein, dass es Sie zum persönlichen Misserfolg führt. Hatten Sie trotzdem Erfolg, dann ist Ihnen nicht mehr zu helfen!

Aus Misserfolgen lernen

Die Zukunft hängt von Ihnen selbst ab! Ziehen Sie aus Misserfolgen Ihre Lehren.
„Mach dir den Tag nicht schwerer, war er nicht dein Freund, so war er dein Lehrer!"

Dr. Gudrun Gröbelbauer, TV-Journalistin und Kabarettistin i. R., ledig

„Mein Vater wollte, dass ich Rechtsanwältin werde. Ich bin sicher der Prototyp, der sich diesbezüglich sehr von den Vorstellungen der Eltern leiten ließ. Nach meinem Jus-Studium wollte ich zum Fernsehen. Da hatte ich einige Misserfolge, als ich z. B. beim ORF sowie am Reinhard-Seminar vorgesprochen habe, wurde ich damals mangels Begabung nicht aufgenommen. Mein Weg als Journalistin begann, als es dann beim zweiten Anlauf beim ORF geklappt hat. Was ich zu Beginn als Misserfolg und als Problem betrachtet habe, hat mich aber am meisten weitergebracht. Was sicher auch mit der Erweiterung der eigenen Grenzen zu tun hat. Rückblickend würde ich aber heute mehr Risiken eingehen. Friedrich Gulda hat angeblich keine Versicherung gehabt. Das hat mir sehr imponiert! Weil dahinter das Vertrauen steht, von dem wir eigentlich alle getragen sein müssten, dass man mit jeder Situation fertig werden kann."

Gudrun Gröbelbauer, vielen noch als Mitglied der Grazbürsten sowie dem Fernsehpublikum als spitzzüngige „Tante Grö" bekannt, hat sich in ihrer wohlverdienten Pension alles andere als zur Ruhe gesetzt. Heute ist sie engagierte Tierschützerin und setzt sich seit vielen Jahren für geschundene Straßenhunde in Griechenland ein.

„An schlechten Tagen ist die Aussicht auf bessere Tage besser als an guten."
Werner Mitsch

Misserfolg ist keine Strafe des Lebens oder eine Frage des Unglücks. Ich lade Sie ein, diese fragwürdige Perspektive zu hinterfragen. Betrachten Sie Ihre Misserfolge vielmehr als Hinweis, wo Sie gerade stehen, als Informationsquellen und nicht als Unfähigkeitsbeweise! Machen Sie aus Hindernissen Gelegenheiten. Erkennen Sie, dass „Misserfolg" nicht negativ ist, sondern vielmehr ein vorübergehender Rückschlag. Er zeigt Ihnen, was sie geleistet haben und was sie noch zu lernen haben. „Misserfolg" ist ein Wort, um ein Ereignis zu beschreiben. Er ist weder eine Verdammung unseres Charakters noch ein ständiger Zustand, noch wird man dadurch für den Rest seines Lebens verurteilt.

„Ob eine schwarze Katze Unglück bringt oder nicht, hängt davon ab, ob man ein Mensch ist oder eine Maus."(Max O`Rell) Es sollte im richtigen Verhältnis gesehen werden. Misserfolg ist nur der Anfang der Entwicklung, nicht der Anfang vom Ende und ist oft notwendig, um vorwärts zu kommen. Auch wenn in unserer Leistungsgesellschaft die Sympathien primär den Siegreichen gehören, so zeugt letztendlich die Fähigkeit, mit dem Scheitern umgehen zu können, von psychischer Stärke. Denn wenn sich Ziele als unerreichbar herausstellen, wenn Träume wie Seifenblasen zerplatzen und Hoffnungen aufgegeben werden müssen, kommt derjenige am besten zurecht, für den Scheitern ebenso zum Leben gehört wie Gewinnen. Oftmals macht erst das Versagen einen Neuanfang möglich! Im Leben gibt es keine Fehler, sondern nur lehrreiche Erfahrungen!

Marlene Dietrich meinte weise:

„Wenn ich mein Leben noch einmal leben könnte,
würde ich die gleichen Fehler machen.
Aber ein bisschen früher, damit ich mehr davon habe."

Ernst Günter Tange: Zitatenschatz für Frauen

Wenn Sie zu einer solch gelassenen und humorvollen Sicht der Dinge gelangen, werden Sie durch jede „lehrreiche Erfahrung" Ihrem persönlichen Erfolg ein Stück näher kommen!

Vom Neid zur Entfaltung

Dennoch bleibt die Frage, ob es sinnvoll ist, sich zu beklagen, weil man sich weniger begabt oder weniger erfolgreich fühlt als andere. Die weit verbreitete Tendenz, sich ständig mit anderen zu vergleichen, wird zur Normalität. Das größere Auto als der Nachbar oder die attraktivere Vorzimmerdame als der Kollege. Manche wurden von ihren Eltern bereits ständig verglichen und fühlten sich damit unter Druck gesetzt.

Nicht jener Sohn, der sich von seinem Vater sagen lassen musste:" In deinem Alter war Franklin D. Roosevelt bereits Klassenbester!" Daraufhin konterte der Sohn:" Ja, Papa. Und in deinem Alter war er bereits Präsident der Vereinigten Staaten von Amerika!"

Nicht jedem gelingt es, sich dem elterlichen Ehrgeiz so entgegenzusetzen. Viele setzen dann dieses Muster fort und setzen sich selbst immer wieder unter Druck durch das ständige Vergleichen mit anderen. Gelegentlich neiden wir auch einfach, weil wir grundsätzlich zu wenig aus unserem Leben machen. Neidgefühle sind menschlich und können auch als Aufruf an sich selbst gedeutet werden, das eigene Potenzial zu entfalten.

Neid ist unser Freund. Er ist kein netter und sanfter Freund. Aber er wird uns immer sagen, wann wir uns selbst betrogen haben. Er wird uns immer sagen, wann es Zeit ist, in unserem ureigensten Interesse zu handeln. Neid ist nicht die Handlung selbst. Er ist die Aufforderung zum Handeln, um unser Potenzial zu entfalten.

Menschen, die Dankbarkeit noch nicht als Ressource entdeckt haben, konzentrieren sich meist auf das, was sie nicht haben, was ihnen nicht gelingt, was ein anderer Mensch hat - und erschweren sich damit zusätzlich ihr Leben.

Menschen, die dagegen wertschätzen, was sie haben und was ihnen widerfährt, sind glücklicher und ihre Fähigkeit, Krisen zu bewältigen, steigt ebenso wie ihre Immunität gegenüber Neid.
Der Journalist Robert Lembke meinte einst weise: „Mitleid bekommt man geschenkt. Neid muss man sich erarbeiten." Wenn

Sie mit Neid von anderen Menschen konfrontiert sind, kann es helfen daran zu denken, dass Neid grundsätzlich nichts Negatives ist. Es ist nur die Frage, wie wir damit umgehen. Für alle gilt: Ein geringes Selbstwertgefühl, gepaart mit dem ständigen Gefühl, zu kurz zu kommen, lässt gesunden Neid in Missgunst kippen. Seiner Schattenseite, der Missgunst, verdankt der Neid seinen schlechten Ruf. Neid mobilisiert, aus sich selbst mehr zu machen. Missgunst blockiert und gönnt den anderen ihren Erfolg nicht. Sehen Sie es nicht als Angriff auf Ihre Person, sondern vielmehr als Hinweis, dass jene Menschen, die neidisch auf Sie sind, ihr eigenes Potenzial noch nicht entfaltet haben. Diese Einsicht nimmt dem Neid die Macht der Abwertung und hilft Ihnen sich innerlich auf konstruktive Weise gegen destruktive Verhaltensweisen dieser Menschen abzugrenzen. Die beste Methode, um Neidern den Wind aus den Segel zu nehmen, ist, einfach persönlich erfolgreich zu sein. Man gibt damit die Botschaft: „Dein Verhalten hat keinen Einfluss auf meinen persönlichen Erfolg!"

Entlarven Sie Ihren inneren Zensor

Immer dann, wenn Sie wütend darüber sind, dass Ihnen jemand anderer um Längen voraus ist, dann denken Sie daran: die Wettkampfmentalität ist eine Forderung des Egos, nicht nur gut, sondern der Erste und der Beste zu sein. Perfektionismus ist der getarnte Bruder des Neids. Wobei der Perfektionismus das Gegenteil ist von persönlicher Zufriedenheit und Sie am persönlichen Erfolg hindern will. Auch wenn wir in den Augen der Welt erfolgreich sind, haben wir das Gefühl, dass wir nie gut genug sind und dass das, was wir tun, nicht richtig ist. Wir sind Opfer unseres eigenen internalisierten Perfektionisten, eines scharfzüngigen inneren Kritikers, des Zensors, der in unserer linken Gehirnhälfte sitzt und einen ständigen Strom untergründiger Bemerkungen aufrechterhält, die oft als Wahrheit getarnt sind. Der Zensor sagt z.B. so nette Dinge wie: „Das nennst du schreiben? Das ist ja lachhaft. Du beherrscht nicht einmal die Zeichensetzung. Wenn du das bis jetzt nicht gelernt hast, dann wirst du das nie lernen!" Der innere Kritiker ist ein eingefleischter Zensor und Determinist,

der nicht an die Entwicklungsfähigkeit des Menschen glaubt.
Halten Sie sich an folgende Regel: Denken Sie immer daran, dass
die negativen Meinungen Ihres Zensors nicht der Wahrheit entsprechen. Das erfordert Übung. Indem Sie die negativen Gedanken hochkommen lassen und zu Papier bringen, lernen Sie, dem
Zensor auf die Schliche zu kommen. Lassen Sie Ihren Zensor
ruhig weiterplappern. (Und das wird er ohnehin tun.) Beobachten
Sie, wie er Ihnen an Ihre kreative Gurgel gehen möchte. Machen
Sie sich nichts vor, der Zensor ist darauf aus, Sie zu kriegen. Er ist
ein listiger Gegner! Haben Sie schon mal überlegt, wer Sie kon-
trolliert? Jedes Mal, wenn Sie schlauer werden, wird er es auch.
Sie haben eine gute Arbeit geleistet? Der Zensor sagt Ihnen, dass
es das Letzte ist. Er richtet immer den Daumen nach unten. Stellen Sie sich Ihren Zensor als Schlange aus einem Cartoon vor, die
durch Ihren kreativen Garten Eden schleicht und Ihnen Gemein-
heiten zuzischelt, damit Sie unachtsam werden. Machen Sie den
Zensor in Ihrer Phantasie zu einem kleinen widerlichen und raffi-
nierten Charakter, dann fängt er an, etwas von der Macht, die er
auf Sie ausüben will, zu verlieren. **Es geht darum, damit aufzuhö-
ren, den Zensor als die Stimme der Vernunft zu verstehen und
stattdessen zu lernen, ihn als Blockierer kennen zu lernen, der
er in Wirklichkeit ist.** Er ist die Weigerung, sich selbst die Erlaubnis zu geben, sich vorwärts zu bewegen. Anstatt sich Irrtümer zu
erlauben, die sich später als Einsicht entpuppen, verlieren wir uns
oft in dem Bemühen, alle Einzelheiten richtig machen zu wollen.
Der Perfektionist hat ständig sein Publikum im Auge. Statt den
Prozess zu genießen, bewertet er ständig das Ergebnis. Der Perfektionist ist nie zufrieden und sagt nie: „Das ist ziemlich gut. Ich
glaube ich werde einfach weitermachen." Für den Perfektionisten
gibt es immer einen Grund für Verbesserungen. Er ist der Teil in
uns, der sagt, dass nichts von dem, was wir tun, je gut genug sein
wird - und dass wir es noch einmal versuchen sollten. Ein Projekt
ist nie fertig, aber an einem bestimmten Punkt lassen wir los und
erklären es für beendet. Das Loslassen ist ein wichtiger Bestand-
teil des persönlichen Erfolges. Das heißt, wir tun immer das Beste, was uns unter gegebenen Umständen möglich ist. Und dieses
Bewusstsein schafft Zufriedenheit und persönlichen Erfolg.
Manche Menschen wählen Schattenkarrieren. Francois Truffaut

behauptete, dass Kritiker eigentlich blockierte Regisseure seien, so wie er selbst es als Kritiker gewesen war. Menschen, deren Bestimmung es z. B. ist, Romanautoren zu werden, gehen oft zur Zeitung oder in die Werbung, wo sie ihr Talent anwenden können, ohne den Sprung in die von ihnen erträumte Schriftstellerkarriere zu wagen. Menschen, deren Bestimmung es ist z. B. Künstler zu werden, werden vielleicht Manager von Künstlern und beziehen damit ein großes Maß an sekundärem Vergnügen daraus, dass sie ihren Traum aus der Distanz heraus verfolgen. Truffaut könnte mit seiner Meinung zum Teil Recht haben, aber ich denke, dass nicht alle Journalisten verkorkste Schriftsteller und nicht alle Manager verhinderte Künstler sein müssen. Wenn wir uns primär auf die Konkurrenz konzentrieren, dann behindern wir unseren eigenen Fortschritt. Wenn wir nach den Leistungen der anderen schielen, dann wenden wir unsere Augen von unseren eigenen Zielen ab. Ich kenne Menschen, die viele Ziele der anderen überholt haben, aber es ist fraglich, ob es ihre eigenen waren. Wer in die Fußstapfen anderer steigt, hinterlässt selbst keine Spuren. **Es ist besser, die eigenen Ziele zu erreichen als die der anderen zu überholen!**

Sollte es doch nach eingehender Überlegung klar auf der Hand liegen, dass sich immer wieder die gleichen Misserfolge ergeben, ohne dass es sich dabei um übertriebenen Perfektionismus handelt, dann wäre es auch wert, sich zu fragen, ob man nicht vielleicht die Richtung ändern sollte. Oder dass der Zeitpunkt für ein Vorhaben noch nicht gekommen ist. Misserfolge sollten primär als Entwicklungsmöglichkeiten und als Lernaufgaben betrachtet werden.

Wussten Sie, dass Walt Disney 302 Absagen erhielt, ehe er Geldgeber für seinen Traum fand, „den glücklichsten Ort der Welt, das Disneyland und Disneyworld", zu schaffen? Diese „Traumwelt" wurde nur möglich, weil er sich von den Niederlagen nicht entmutigen ließ.

Mit der Gründung von „Menschen für Menschen" hat Karlheinz Böhm, den ich auch für dieses Buch interviewen durfte, seinen Lebenssinn gefunden. Er hatte bei „Wetten dass ...?" gewettet, dass nicht einmal ein Drittel der Zuschauer, und das waren geschätzte sechs Millionen, eine Mark spenden würden für hungernde Kinder in Afrika. Dann kam aber die Überraschung. Heute blickt der bekannte Kaiser-Darsteller aus den „Sissi-Filmen" auf ein Leben mit vielen Höhen und Tiefen zurück.

„Erhoffe das Beste und sei gefasst auf das Schlimmste."
N.N.

Umgang mit Versagensängsten

Die Angst zu versagen, sitzt den meisten von uns tief in den Knochen. Die Forschung zeigt, dass erwartete Enttäuschungen zwar unangenehm sind, aber immer noch leichter zu ertragen, als unerwartete. Wenn Sie wissen, was Ihnen blüht, fühlen Sie sich sicherer, selbst wenn Sie das Schlimmste befürchten. Wenn Sie geringe Hoffnungen haben – wenn Sie erwarten, dass alles schief gehen wird, löst das einen Gedankenprozess aus, bei dem die bevorstehende Situation durchgespielt wird. Dieses mentale Ausprobieren hat Pessimisten den Ruf als Schwarzseher eingetragen. Es ist eine Strategie, sich der Angst zu nähern, nicht ihr auszuweichen. Es ermöglicht, dass man tatsächlich an seinen Zielen arbeitet, statt ihnen auszuweichen, aus Angst davor, was alles schief gehen könnte. In den Situationen zu bleiben, die Angst machen, kann sich manchmal auszahlen. Erfolgreiche Menschen bestätigen, dass man oftmals mit den Problemen fertig werden kann. Gerade die Fähigkeit, negative Emotionen auszuhalten, kann in sehr vielen Lebenssituationen entscheidend sein, etwa wenn es darum geht, aus schlechten Erfahrungen zu lernen, anstatt sie zu verdrängen oder die eigene Situation, das eigene Risiko und die Chancen richtig einzuschätzen. Böse Zungen meinen, Pessimisten finden zu jeder Lösung das passende Problem. Aber manche Pessimisten wenden in alltäglichen Situationen einen praktischen Trick an, der oftmals gelingt. Sie zünden sich z. B. eine Zigarette an, damit der Kellner endlich das Essen bringt. So gesehen kann auch Pessimismus seine Vorteile haben: Pessimisten erleben nur angenehme Überraschungen!

Kürzlich lernte ich eine Psychologin kennen. Sie erzählte mir aus ihrer Berufslaufbahn, dass sie ihr Studium im 2. Bildungsweg absolvierte und sich danach bei einer Universität um eine Stelle bewarb und zu einem Bewerbungsgespräch eingeladen wurde. Da sie sich inzwischen eigentlich gegen diesen Job entschieden hat, wurde sie doch neugierig und ging mit einer dementsprechenden Gelassenheit zu dem Gespräch. Sie stellte Anforderungen, welche sie nie gestellt hätte, wenn sie diesen Job unbedingt hätte haben wollen. Das Erstaunliche für sie war, dass man sich unter zahlreichen Bewerberinnen trotz ihres anspruchsvollen Verhaltens oder gerade wegen ihrer gelassenen Einstellung für sie entschieden hat. So trat sie diese Stelle doch an. Jahre später wechselte sie den Arbeitgeber und arbeitete für eine Gesundheitsorganisation als Interviewerin. Dabei knüpfte sie viele interessante Kontakte, übernahm die Leitung eines Schulprojektes und wurde von vielen potenziellen Klienten angesprochen, warum sie keine eigene Praxis hätte. Auch da hat es sich so ergeben, dass sie diesem Ruf gefolgt ist und heute eine gutgehende psychologische Praxis betreibt. Wenn man etwas unbedingt um jeden Preis haben will, besteht die Gefahr, sich zu verbeißen und sich zu verkrampfen. Die Natürlichkeit kommt einem in solchen Situationen oft abhanden, weil man nur darauf bedacht ist, guten Eindruck zu machen und man sich wie ein Chamäleon verhält, je nachdem, was von einem erwartet wird.

Als ich in einer Organisation Bewerbungstrainings geleitet habe, gab ich den Teilnehmern die Aufgabe, sich zur Abwechslung einmal für einen Job zu bewerben, den man ohnehin nicht haben will. Ich habe es selbst ausprobiert, so wie alle Übungen, die ich in den Seminaren anwende. Ich simulierte eine Bewerbungssituation und ging mich eines Tages bei einem Wirtschaftstreuhänder als Assistentin der Geschäftsführung vorstellen. Der Geschäftsführer ließ mich 20 Minuten warten. Ich setzte gleich einen Minuspunkt auf meine Liste und dachte: „So geht man also mit Bewerberinnen um." Professionelle Personalchefs wissen ja um die Werbewirksamkeit der Mundpropaganda von Bewerbungsgesprächen. In dem ausführlichen Gespräch verhielt ich mich betont selbstsicher, was den nach außen arrogant wirkenden Manager, welcher mir kaum einen direkten Blick in die Augen würdigte, offensichtlich etwas verunsicherte. Es muss wohl ungewohnt für ihn gewesen sein, dass sich eine Bewerberin so souverän verhielt, sodass es für ihn nötig wurde, eine persönliche beleidigende Äußerung über mein Aussehen zu machen. Was mich dazu veranlasste, ihm sehr authentisch rückzumelden, dass mir seine Bemerkung unangenehm war, und ihm unmissverständlich zu verstehen zu geben, dass ich mich entschieden habe, diesen Job nicht anzunehmen. In dem Moment wich seine Arroganz und er entschuldigte sich für sein Verhalten und versuchte alles, um mich doch noch zu überzeugen, dass ich die geeignetste Mitarbeiterin wäre. Skurrilerweise versuchte ich den enttäuschten Mann zu ermutigen, dass ich sicher sei, dass er eine geeignete Mitarbeiterin finden wird. Natürlich nahm ich diesen Job nicht an, da es ja gar nicht meine Absicht war, sondern einem „Bewerbungstraining on the Job" diente. Selbstverständlich macht es einen Unterschied, ob man dringend eine Arbeit sucht, weil man darauf angewiesen ist. Ich bin sicher, dass ich mich nicht so souverän verhalten hätte, wenn ich mich real um diese Stelle beworben hätte. Aber eines ist gewiss: Diese Erfahrung ermutigte mich, in Zukunft meine Grenzen mehr auszuweiten, mir einfach mehr zu erlauben und zuzutrauen.

Ich erinnere mich an noch eine Situation, vor vielen Jahren, als ich noch nicht in meinem jetzigen Beruf tätig war. Ich hatte ein Vorstellungsgespräch in einer großen, karitativen Organisation, die mit behinderten Menschen arbeitet. Am Tage meiner Bewerbung war gerade Faschingsdienstag. Daran hatte ich nicht gedacht, dementsprechend überrascht war ich, als mir der Chef der Organisation als „Clown" begegnete. Eine kuriose Situation! Ich musste während des Gespräches des Öfteren unwillkürlich lachen und sagte scherzhaft-entschuldigend, dass ich mich zuvor noch nie bei einem „Clown" beworben hätte. Ich war damals überzeugt, dass es ein Fehlverhalten meinerseits war, ich war mir sicher, dass ich durchgefallen sei, und deutete es als Misserfolg. Die Überraschung folgte, als man sich damals von über 100 Bewerberinnen für mich entschieden hatte! Das Schlimmste, das mir hätte passieren können, war, den Job nicht zu bekommen. Ich nahm den Job dann doch nicht an, aber das ist eine andere Geschichte ...

Im Übrigen bekam ich meinen ersten Job in der Steiermark, als ich ein von mir entwickeltes Projekt bei der Geschäftsführung eines Beratungsunternehmens vorgestellt habe. Während meiner Präsentation, die ich mehr als stümperhaft vorbereitet hatte, nämlich gar nicht - hatte ich das tiefe Bedürfnis, diese Gelegenheit zu nutzen, um meine heftige Kritik über die bevormundende Art, die oftmals von einigen Beratern im Umgang mit Arbeit Suchenden an den Tag gelegt wird, loszuwerden. Ich dachte, dass ich ohnehin sehr diplomatisch in meinen Äußerungen war. Weit gefehlt: Meine Projektpräsentation ist daraufhin gescheitert und den Auftrag bekam ich natürlich nicht. Aber eine anwesende Mitarbeiterin war sichtlich beeindruckt von meinem Mut, den so mancher als Dummheit bezeichnet hätte, dass Sie mir einen Job als Kursleiterin in einer Frauenorganisation vermittelt hat. Viele Jahre später erfuhr ich, dass es gar nicht an meinen Äußerungen gescheitert ist.

Humor – Lachen ist gesund

Wenn ein Regisseur zeigen wollte, was komisch sei, antwortete Hans Moser stets ablehnend: "Humor kann man nicht erklären." Situationskomik bedarf keinerlei Worte. Humor verbindet. Viele Leute glauben, sie hätten Humor, weil sie über ihre eigenen Witze am lautesten lachen. Aber Sie tun dabei zumindest etwas für ihre Gesundheit. Die Stressforschung zeigt sehr deutlich, dass Lachen gesund ist und als Jungbrunnen dient. Vor allem im Umgang mit Misserfolgen und Versagensängsten kann Humor ein hilfreicher Freund sein. Man muss kein Komiker sein, um Humor zu haben. Danny Kaye, der bekannte Filmkomiker meinte:" Der Komiker nimmt nichts ernst, außer sich selbst!" Das Klischee der Komiker, dass sie als Privatmenschen in Wahrheit Melancholiker seien konnte auch Leo Lukas in unserem Interview nicht bestätigen. Humor haben wollen wir alle, vor allem jene, die keinen haben. Es sei denn, man hat rechtzeitig drauf g`schaut, dass man`s hat, wenn man`s braucht. Gerade dann, wenn wir viel um die Ohren haben und stecken bleiben in der Ernsthaftigkeit des Alltags, kann eine kuriose Vorstellung, eine verrückte Idee, ein kreativer Gedanken-Salto ein befreiendes Lachen erzeugen. Gerade dann, wenn eine Situation verfahren erscheint, fällt es uns so schwer eine humorvolle Betrachtungsweise einzunehmen. Menschen, denen das gelingt, tun sich im Leben einfach leichter. Vielleicht schmoren viele schon zu lange in der Bratpfanne der Sorge? Dann bedarf es eines Schuldigen, der dafür verantwortlich sein soll. Nichts bietet sich besser an, als die nächste Umgebung. Am besten der eigene Partner oder die Kinder. Und wenn sonst niemand herhalten will, dann kann es durchaus auch die Schwiegermutter sein. Es gibt eine gute Methode Situationen zu entschärfen, vor denen wir Angst haben. Stellen Sie sich vor, was das Schlimmste wäre, das passieren könnte, wenn Ihnen etwas misslingen würde. Machen Sie kurz in Ihrem Gedächtnis eine „Mücke zum Elefanten". Durch diese Vorstellung nehmen Sie dem „Ungeheuer Angst" die Macht, denn Sie werden sehen, dass es gar nicht so schlimm kommen muss. Immerhin lebt der Humor nicht nur von der Beobachtung und der Distanz, sondern auch von der Übertreibung. Inszenieren Sie den gedanklichen Extremfall. Treiben Sie diese Gedanken auf die Spitze, sodass die Situation so kurios wird, bis Sie lachen müssen. Entscheidend ist aber, dass Sie nicht an dieser Vorstellung festhalten, sondern einfach den Mut hatten, sich kurz vorzustellen, was das Schlimmste wäre, das Ihnen passieren könnte. Es wird Ihnen helfen eine eingefahrene Denkstruktur zu ändern und eine neue Sichtweise zu entwickeln. Humorvolle Menschen finden immer einen Nagel, um ihre Alltagssorgen aufzuhängen. Problemen können Sie produktiv begegnen, indem Sie ihnen auf humorvolle Weise den unangenehmen Beigeschmack der Katastrophe nehmen. Angenommen, Sie haben ein Problem mit Ihrer Schwiegermutter. Immerhin dient sie ja manchmal als Sündenbock. Was wäre das Schlimmste, das Ihnen passieren könnte? Stellen Sie sich vor, Sie hätten zwei davon! Und wenn Sie ein Mann sind, stellen Sie sich vor, sie hätten sie zur Frau! **Wenn es Ihnen gelingt, darüber zu lachen, dann haben Sie viel gewonnen: Ein paar Lachfalten und die Erkenntnis, dass viele Dinge wichtig sind, aber nicht alle ernst genommen werden nehmen müssen !**

Der Optimist ist jemand, der alles halb so schlimm, aber doppelt so gut findet. Kürzlich unterhielt ich mich mit Thomas Weber, dem Pressemanager von Udo Jürgens. Ich erzählte ihm, dass es in Graz regnen würde - dass ein Pessimist immer einen Regenschirm dabei hätte, der Optimist hoffen würde, dass bald wieder die Sonne scheint und der Hedonist ein Flascherl auch unter dem Regenschirm genießen würde. Am nächsten Tag schrieb er mir, dass es auch in Zürich geregnet hat und meinte: "Als Pragmatiker habe ich gewartet, bis es zu regnen aufgehört hat. Dann habe ich den Regenschirm beim Pessimisten gegen eine Dauerwurst und einen Laib Brot eingetauscht um zusammen mit dem Hedonisten und dem Optimisten eine vergnügliche Vesper bei Wein, Wurst und Gesang abzuhalten. Nun scheint die Sonne!" Da soll noch einer sagen, die Schweizer hätten keinen Humor!

Krisen als Chance Ihr Leben zu ändern

Wer keine Fehler macht, hatte noch nie den Mut, etwas Neues auszuprobieren!
Vor Fehlern ist niemand gefeit. Die Kunst besteht wohl darin, den selben Fehler nicht noch Mal zu machen. Es kommt nicht darauf an, dass Sie immer gewinnen, sondern wie Sie damit umgehen, wenn Sie verlieren. Reagieren Sie nicht auf die Vorgaben anderer, sondern agieren Sie. Setzen Sie selbst Ihre eigenen Maßstäbe! Dann haben Sie letztendlich viel gewonnen - die Gelassenheit, sich durch lehrreiche Erfahrungen nicht aus der Bahn werfen zu lassen, und die Gewissheit, dass es nach jedem Tief auch wieder ein Hoch gibt! Umgeben Sie sich mit Menschen, die Sie ermutigen, Ihren Traum trotz Rückschlägen zu verwirklichen. Erlauben Sie sich mal auch einen Misserfolg, betrachten Sie Fehlschläge und Durststrecken nicht als persönliches Versagen, sondern als Investition in Ihre Zukunft. Sie können daraus lernen, Ihre Grenzen und Ressourcen besser auszuloten. Geben Sie sich die Erlaubnis, Anfänger zu sein, indem Sie sich erlauben, lehrreiche Erfahrungen zu machen. Wir sollten Fortschritte und nicht Perfektion von uns selbst erwarten. Vergessen Sie nicht, dass alte Menschen rückblickend nicht Fehler, sondern lediglich Versäumnisse Ihres Lebens bereuen! Auch wenn uns Misserfolge unangenehm erscheinen, über die wir uns gerne beklagen, so verwandeln Sie jetzt Ihre Klagen in Lernaufgaben und Ziele!

Meine Misserfolge waren:

....

....

Meine Lernaufgaben:

....

....

**Was war rückblickend
das Gute daran:**

....

....

Meine formulierten Ziele:

....

....

„Gib` jedem Tag die Möglichkeit,
der beste deines Lebens zu werden."
Wolfgang Wetzelberger

3. SELBSTMOTIVATION

„Die Theorie ist eine Vermutung mit Hochschulbildung." (Jimmy Carter)

Es gibt die Theorie, dass es sich ungünstig auf unsere Zielerreichung auswirkt, wenn wir uns zu sehr von unseren Ängsten leiten lassen. Diese „selbsterfüllende Prophezeiung" lässt sich durch eine satirische Geschichte darstellen: In einem Zeitungsartikel wurde geschrieben, dass die „Klopapierknappheit" drohen würde. Daraufhin stürmten die Leute in die Supermärkte und plünderten die Läden, um sich mit einem Klopapiervorrat einzudecken. Was war das Ergebnis? Die angekündigte Klopapierknappheit wurde zur Realität.

Viele Menschen haben einen angeborenen Instinkt: Sie machen instinktiv das Falsche!

Anthony Robbins, der führende amerikanische Erfolgscoach, hat die „selbsterfüllende Prophezeiung" mit dem plausiblen Beispiel des Autofahrens unterstrichen. Wenn unser Wagen (der als Metapher für unser Leben gilt) ins Schleudern gerät und wir die Kontrolle verlieren, fixieren sich die meisten Menschen genau auf das, was sie um jeden Preis vermeiden wollen. Dadurch würden Sie genau auf die Gefahren „zusteuern", die Sie eigentlich abwenden wollten. Im umgekehrten Sinne heißt das, wenn das Auto ins Schleudern gerät, sollen Sie sich darauf konzentrieren, wohin Sie wollen. Überzeugte Pessimisten behaupten von sich ja meistens, sie seien Realisten. Manche sind der Ansicht: „Wer Visionen hätte, bräuchte einen Arzt!" Dem kann entgegengesetzt werden: "Nur wer an Visionen glaubt, ist ein Realist!"

Peter Nausner, selbstständiger Unternehmensberater, Lehrbeauftragter an den Universitäten Graz, Klagenfurt und Thüringen, verheiratet, 2 Kinder

"Meine Selbstmotivation sehe ich sportlich. Ich halte es wie beim Golfspielen - ich spiele gegen mich selbst. Meine Karrierevorstellungen orientieren sich nicht an anderen Karrieren. Ich vergleiche mich in diesem Sinne nicht, sondern versuche für mich selbst besser zu werden, mein Handikap immer wieder zu verbessern. Ich wurde zum Unternehmensberater, als ich die Pleite eines großen Einkaufszentrums, in dem ich auch eine Buchhandlung hatte, miterlebt habe. Ich wurde damals Mietervertreter und habe mit dem Vorstand des Konzerns verhandelt. Es ist mir gelungen, überzeugende Briefe an den Konzernvorstand zu schreiben, in dem ich an den 'Spirit des Unternehmens' appelliert habe, um ihnen klar zu machen, abgeleitet von ihrer Firmenphilosophie, dass ich mir nicht vorstellen könne, dass sie zuschauen wollen, wie Existenzen von Menschen vernichtet werden. Das hat dazu geführt, dass mich einige Leute auf mein Talent aufmerksam gemacht haben, Dinge zu koordinieren und Kooperationen zu stiften. Es entwickelte sich die Überlegung, diese Fähigkeit beruflich umzusetzen und Unternehmensberater zu werden. Ich hatte keinerlei offiziellen Voraussetzungen dafür. Es wurde mir empfohlen, um Nachsicht für das Unternehmensberatergewerbe anzusuchen. Für mich war das zunächst undenkbar. Und doch hatte ich binnen 24 Stunden das positive Gutachten und war plötzlich Unternehmensberater!"

Dieses Einkaufszentrum gibt es übrigens heute noch, ist erfolgreich und expandiert!
Polaritäten sind eine Naturgesetzmäßigkeit im Leben und haben auch ihren Sinn. Aber es ist die Frage, wie wir damit umgehen. Das eine schließt das andere nicht aus! Einerseits ist es zielführend, sich primär auf das zu konzentrieren, was wir wollen. Andererseits die Risiken nicht aus den Augen zu verlieren, da es auch wichtig sein kann, Gefahren abzuschätzen und zu berücksichtigen, weder sie zu verdrängen noch sich darauf zu fixieren! Man sollte das Negative nicht ausblenden, aber sich auch nicht

dem Negativen unterwerfen! Beim Konzept der Selbstmotivation geht es weniger darum einen Zweckoptimismus an den Tag zu legen, was als „positives Denken" bekannt ist, mit einer einseitigen Sichtweise, „die Welt nur durch die rosarote Brille" zu betrachten und die gegenwärtige Realität auszublenden. Es geht vielmehr darum, sich nicht von außen lenken zu lassen, sondern eine eigenverantwortliche Denk- und Handlungsweise zu finden, die Ihnen die Möglichkeit gibt, auch in schwierigen Umständen auf Ihre innere Stimme zu hören, sich auf Ihren eigenen Selbstwert und Ihre Überzeugungen zu verlassen, sich selbst ein angenehmer Partner zu sein und mit Zuversicht Ihre selbst gesteckten Ziele zu erreichen!

ES IST DIE GRÖSSTE SELBSTMOTIVATION, WENN SIE DAFÜR SORGEN, DINGE ZU TUN, DIE SIE GERNE MACHEN UND DIE SIE ERFÜLLEN!

- **Durch welche Selbstmotivationsstrategien kann ich meine persönlichen Ziele erreichen?**

....

....

Selbsteinschätzung

Die Motivationsforschung hat gezeigt, dass der Mensch sich demotiviert fühlt, wenn er entweder unter - oder überfordert ist. Am besten fühlen wir uns in der Mitte, wenn wir uns herausgefordert fühlen, uns immer einen Schritt weiterzuentwickeln.
Der ungarische Psychologe mit dem unaussprechlichen Namen Mihaly Csikszentmihaly nennt es den „Flow"-Zustand. Diese schrittweisen Herausforderungen in selbst gesteckten Zielen zu finden, haben wieder sehr viel mit der eigenen Selbsteinschätzung zu tun. Suchen Sie sich Ziele, denen Sie sich gewachsen fühlen und die Sie einen Schritt in Ihrer Entwicklung weiterbringen! Zur Selbsteinschätzung gehört auch dazu, dass Sie darauf achten, wie viel Ressourcen Sie für die Zielerreichung und den

nächsten Schritt zur Verfügung haben. Wenn Sie z.B. nach Paris fliegen wollen, aber nur Sprit bis Salzburg haben, werden Sie frustriert über die „Bruchlandung" sein. Es sei denn, Sie nehmen es, wie es ist und genießen dafür einen Abstecher zu den Salzburger Festspielen. Umwege können auch die Ortskenntnis erhöhen!

Es ist ganz wesentlich, bei jedem Vorhaben zu berücksichtigen, wie viel Energien Ihnen zur Verfügung stehen und welche Hilfe Sie in Anspruch nehmen können. Dazu gibt es im Kapitel „Selbstvereinbarungen" einen Fragebogen. Es ist überlegenswert, sich zu fragen, wann der geeignete Zeitpunkt dafür ist. Denn nichts, was der Mühe wert ist, passiert sofort.

Jemandem, der z. B. kürzlich eine Scheidung hinter sich hat, wird es schwerer fallen, ein Großprojekt durchzuziehen, weil Menschen gerade in Krisenzeiten ihren emotionalen Energiehaushalt für die Bewältigung und Verarbeitung dieser Krise benötigen. Gerade in Krisenzeiten stürzen sich viele unreflektiert in die Arbeit, um sich unangenehmen Emotionen zu entziehen und diese mit Überaktivität zu kompensieren. Besonders dann wäre es wichtig, diese Umstände zu berücksichtigen und besser auf die eigenen Belastbarkeitsgrenzen zu achten.

Klar definierte Ziele

Eines der wichtigsten Kriterien ist, dass Sie Ihr Ziel ganz klar formulieren! Wenn Sie nicht genau wissen, wohin Sie wollen, dürfen Sie sich nicht wundern, wenn Sie nie ankommen.
Denn wie sollten Sie dann erkennen, dass Sie „angekommen" sind und Ihr Ziel erreicht haben?

- Formulieren Sie Ihr Ziel in einem Satz – kurz und bündig.
- Konkretisieren Sie ein Datum, wann es erreicht wird.
- Beschreiben Sie Ihr Ziel positiv (z.B nicht: „Ich werde nicht mehr rauchen!" sondern: **„Ab 1.Jänner bin ich rauchfrei!"**
- Das Ziel sollte von Ihnen selbst beeinflussbar sein. (Sie können nicht das Verhalten von anderen bestimmen, sondern nur Ihr eigenes).

- Das Ziel sollte realisierbar, konkret und messbar sein.
  In einem englischen Pub hängt z.B. ein Schild „Free beer
  tomorrow night!" –
  Glauben Sie, dass Sie Ihr Freibier bekommen, wenn Sie
  morgen Nacht da sind?
- Überlegen Sie sich, welche Unterstützungen Sie in Anspruch
  nehmen können.
- Gibt es Nachteile der Zielerreichung? So überlegen Sie, ob
  Sie bereit sind, den Preis dafür zu bezahlen, oder wie
  Sie das Ziel so verändern können, dass diese Nachteile wegfallen!

Teilziel-Etappen

Weiters ist wichtig zu beachten, dass Sie Ihre langfristigen Ziele
in Teilziele aufteilen und Sie sich bei jeder Etappe und jedem
erreichten Teilziel selbst dafür loben und belohnen oder sogar
feiern. Sie können sich den Weg zum Ziel angenehm gestalten,
auch wenn es „nur" ein „Das habe ich sehr gut gemacht!" ist, und
Sie brauchen sich nicht gleich ohne Würdigung des Erreichten
auf das nächste Projekt stürzen. Durch diese Form der Selbstmotivation führen Sie sich sukzessive zu Ihren klar definierten und
selbst gesteckten Zielen.

Anerkennung & Belohnung

> *„Selbstmotivation ist das Kunststück,*
> *sich selbst ein angenehmer Partner zu sein."*

Kennen Sie auch Menschen, die ständig nur jammern? Vielleicht
teilen Sie mit diesem Menschen sogar das Bett oder er kommt ihnen sehr bekannt vor, wenn Sie in den Spiegel schauen? Ich halte
nichts davon, ständig nur mit rosaroter Brille durch die Gegend
zu laufen und ein aufgesetztes „Positives Denken" zu praktizieren.
Ab und zu jammern, kann zur Psychohygiene beitragen und ent-
rümpelt die Seele von altem Ballast. Aber Mitmenschen, die stän-

dig jammern und sich in ihrem „vertrauten Elend" wohler fühlen, weil sie Angst vor dem „unbekannten Glück" haben, können einem ganz schön das Leben schwer machen. So wie dem Nobelpreisträger Albert Einstein. Er galt unter Freunden und Kollegen als weises und heiteres Genie. „Die meisten Menschen sind weit weniger glücklich, als sie sein könnten", erklärte Einstein. „Und das nur deshalb, weil sie so gern jammern."

Als Einstein mit einem Kollegen aus Berlin zu einem Kongress nach München reiste, verbrachten beide die Nacht im Schlafwagen. Einstein konnte nicht einschlafen, weil aus dem unteren Bett ständig ein Stöhnen nach oben drang:" Ach bin ich durstig! Das ist ja so grausam, wie durstig ich bin! Oh, diese Qual!" Weil das kein Ende nehmen wollte, kletterte Einstein aus dem Bett, wanderte in Pantoffeln zum Speisewagen, kaufte Mineralwasser, ging zurück und überreichte es dem jammernden Kollegen. „Da haben sie etwas zu trinken." – „Oh, mein Gott, wie herrlich! Danke!" – Einstein kletterte in sein Bett zurück, erleichtert. Doch kaum wollte er die Augen schließen, begann unter seinem Bett auf`s Neue das Stöhnen: "Oh Gott, war ich durstig! Schrecklich war das! Sie können sich das nicht vorstellen wie durstig ich war! Diese Qual!"

Schon als Kind werden wir belohnt dafür, wenn wir jammern. Damit setzen wir unseren Willen durch, haben Schokolade oder Aufmerksamkeit bekommen. Wenn wir schweigen, bekamen wir gar nichts. Als Erwachsene bleiben wir dann diesem Muster treu. Wir wollen Aufmerksamkeit und Zuwendung. Das aber hat einen hohen Preis: Der Verzicht auf Selbstachtung.
Machen Sie einen Rückblick auf Ihr bisheriges Leben und überlegen Sie sich, welche Anerkennung von anderen Menschen Ihnen besonders gut getan haben.
Geben Sie sich diese Anerkennung auch selbst!! Selbstmotivation macht frei!
Oftmals machen wir uns von der Anerkennung anderer abhängig. Wir sind Beziehungswesen und niemand ist davor gefeit, sich geschmeichelt zu fühlen, wenn wir gelobt werden. Und das ist auch gut so. Aber es macht einen Unterschied, ob Sie Lob von anderen

als angenehmen Zusatz empfinden und Sie sich von sich selbst anerkannt fühlen oder ob Sie sich ausschließlich nach außen orientieren, was bei anderen Menschen gut angekommen ist. Schreiben Sie sich diese Anerkennungen (z.B. „Ich bin liebenswert", „Mein Selbstwert ist gegeben durch mein Sein") irgendwohin, wo es für Sie täglich sichtbar ist. Ich habe mir motivierende Affirmationen auf den Badezimmerspiegel sowie auf die Fliesen in der Dusche geschrieben. Wie z. B.:

- Ich vertraue darauf, dass sich alles in meinem Leben nach meinen innersten Bedürfnissen entwickelt.
- Ich liebe und akzeptiere mich genauso wie ich bin.
- Mein Atem gibt mir Kraft und Vertrauen.
- Ich schreite mit Vertrauen und Leichtigkeit voran.
- Ich erfreue mich an der Fülle meines Lebens und bin dankbar für alles was ist.
- Heute fügt sich in meinem Leben alles bestens.
- Heute beginnen die besten Jahre meines Lebens!

Oder kreieren Sie sich Ihre persönliche Affirmation selbst! So wird man jeden Tag daran erinnert und beginnt den Morgen mit Zuversicht, auch wenn er noch so grau ist, mit schönen Gedanken!

In Australien hat eine deutsche Ärztin lange Zeit mit den Aborigines, den Eingeborenen, die sich selbst als die „wahren Menschen" bezeichnen, gelebt. Auf ihre Erzählung, dass wir in unserer westlichen Kultur unseren Geburtstag jedes Jahr zum gleichen Tag feiern würden, folgte Gelächter. Sie konnten sich einfach nicht vorstellen, dass man einen „Geburtstag" so ritualisiert hat, dass wir ihn zu einem von Geburt an festgelegten Tage jährlich feiern würden. Sie erzählten daraufhin, dass sie immer dann einen Entwicklungsschritt feiern, wenn sie sich weiterentwickelt haben. Und wer kann das am besten beurteilen als sie selbst, die diesen Entwicklungsschritt gemacht haben.

Nun stellen sie sich vor, was Ihre Familie und Ihre Freunde dazu sagen würden, wenn sie Ihren Geburtstag z. B. fünfmal im Jahr feiern würden, weil sie sich weiterentwickelt haben. Und doch finde ich diese Sichtweise sehr interessant und zur Nachahmung empfehlenswert. Anerkennen Sie Ihre Entwicklungsschritte, indem Sie sich selbst dafür belohnen, und feiern Sie diesen auch! Wie auch immer, diese Belohnung kann für jeden anders ausschauen, ob ein Fest feiern oder ein lang ersehntes Geschenk, das Sie sich selbst machen möchten. Es muss sich dabei nicht immer um materielle Dinge handeln. Schenken Sie sich selbst z.B. eine Rose, eine „Zeitinsel" in der Sie tun und lassen können, was sie wollen, faulenzen Sie oder machen Sie einen Spaziergang in der Natur. Entscheidend ist, dass Sie sich ganz bewusst belohnen und nicht, womit Sie sich beschenken!

Angelika Kresch, Topmanagerin der Unternehmensgruppe Remus, „Business Woman of the Year 2001", verheiratet, 2 Kinder

„Persönlicher Erfolg heißt für mich ein Ziel, das ich mir gesetzt habe, zu erreichen. Das kann genauso gut ein gelungener selbst gebackener Kuchen wie auch die Umsetzung beruflicher Ziele sein. Als unsere Kinder noch klein waren, war die Vereinbarkeit von Beruf und Familie für uns nur möglich, weil mein Mann und ich immer schon eine sehr gute Partnerschaft hatten. Wenn ich unterwegs war, hat er auf die Kinder geschaut und umgekehrt. Wenn mein Mann und ich unsere Aufgaben in unterschiedlichen Unternehmen ausüben würden, hätten wir uns sicher bereits x-mal getrennt, weil wir füreinander nicht das Verständnis aufbringen würden. Da wir aber ein gemeinsames Ziel haben, ist das gegenseitige Verständnispotenzial wesentlich höher. Rückblickend würde ich unsere Erfolge mehr feiern. Leider haben wir uns dafür zu wenig Zeit genommen. Da wir ja auch als Paar unseren beruflichen Erfolg zu feiern haben, konnten wir das bei unserem heurigen 25. Hochzeitstag gebührend nachholen."

Freude teilen

Wenn Sie Ihre Freude an erreichten Zielen oder Teilzielen mit anderen teilen, kann das auf Menschen Ihrer Umgebung eine ansteckende und anregende Wirkung haben, es Ihnen gleichzutun. Vor allem, wenn es um Menschen geht, die Ihnen bei der Zielerreichung behilflich waren. Das hat auch eine wesentliche Rückwirkung auf Ihre Selbstmotivation und Freude. Diese Wechselwirkung ist eine Naturgesetzmäßigkeit, die sich vermehrt, wenn Sie dieses Wissen auch nutzen und anwenden!

Kreatives Visualisieren

> *„Niemals wird dir ein Wunsch gegeben,*
> *ohne dass dir auch die Kraft gegeben wurde*
> *ihn zu verwirklichen."*
> *Julio Roberto*

Kennen Sie von Paul Watzlawick die „Geschichte mit dem Hammer"?

Ein Mann will ein Bild aufhängen. Den Nagel hat er, nicht aber den Hammer. Der Nachbar hat einen. Also beschließt unser Mann, hinüberzugehen und ihn auszuborgen, Doch da kommt ihm ein Zweifel: „Was, wenn der Nachbar mir den Hammer nicht leihen will? Gestern schon grüßte er mich nur flüchtig. Vielleicht war er in Eile. Aber vielleicht war die Eile nur vorgeschützt, und er hat etwas gegen mich. Und was? Ich habe ihm nichts angetan; der bildet sich da etwas ein. Wenn jemand von mir ein Werkzeug borgen wollte, i c h gäbe es ihm sofort. Und warum er nicht? Wie kann man einem Mitmenschen einen so einfachen Gefallen abschlagen? Leute wie dieser Kerl vergiften einem das Leben. Und dann bildet er sich noch ein, ich sei auf ihn angewiesen. Bloß weil er einen Hammer hat. Jetzt reicht`s mir wirklich!" Und so stürmt er hinüber, läutet, der Nachbar öffnet, doch bevor er „guten Tag" sagen kann, schreit ihn unser Mann an: „Behalten Sie sich Ihren Hammer, Sie Rüpel!"

Sie können sich vorstellen, wie verblüfft der Nachbar war, und wir können uns sicher sein, dass er sich in Zukunft den „Erwartungen" gemäß seines Nachbarn verhalten wird. Und so wird seine

Erwartung zur Realität. Was hat P. Watzlawicks humoristische Geschichte mit „kreativem Visualisieren" zu tun? Wie wir in den Wald rufen, so hallt es zurück! Unsere Erwartungen scheinen sich zu realisieren, indem wir uns dementsprechend verhalten. Wenn Sie z. B. sagen: „Das schaffe ich nie!",dann würde dieser Satz aussagen, dass Sie in die Zukunft schauen können, was höchstwahrscheinlich nicht der Fall ist. Es ist also eine pure Behauptung, die jeder Realität entbehrt. Aber es erhöht die Wahrscheinlichkeit, dass Sie es durch diese demotivierende Sichtweise wirklich nicht schaffen könnten, weil Sie es dadurch vielleicht bleiben lassen und es gar nicht versuchen.

Wie wir denken und was wir uns vorstellen, spiegelt sich in unserem Handeln und beeinflusst die Realität. **Sie sollten die Dinge so nehmen, wie sie sind, und dafür sorgen, dass es sich so entwickelt, wie Sie es haben möchten!** Die Methode des „kreativen Visualisierens" ist eine Hypothese und wissenschaftlich nicht belegt, aber sie funktioniert! Bildhafte Vorstellungen wenden Sie jede Minute an, aber ohne sich dessen bewusst zu sein.

Wie sehr manchmal unsere Vorstellungskraft und unsere Erwartungen das Ergebnis beeinflussen können, zeige ich Ihnen mit folgenden Beispielen aus der medizinischen Praxis:

Acht Männer, die in einer Höhle eingeschlossen waren, wussten, dass sie mangels Wassers und Nahrung nicht überleben würden. Nur einer besaß eine Uhr und er bekam die Aufgabe, den anderen die Zeit mitzuteilen, damit sie sich ein Bild von ihren Überlebenschancen machen konnten. Der Mann beschloss, seinen Leidensgenossen nicht die Wahrheit zu sagen. Jede verstrichene Stunde gab er als halbe Stunde an. Das ging tagelang so. Die Gruppe wurde eine Woche später geborgen, nachdem eigentlich alle an Flüssigkeitsmangel hätten gestorben sein müssen. Doch alle überlebten – außer dem Zeitmesser. Sein Wissen hat ihn getötet, während die anderen durch ihr Unwissen gerettet worden waren.

Neuseeländische Wissenschaftler der Universität von Auckland haben herausgefunden, dass Angst vor einer Operation die Wundheilung schmerzhafter macht. Die Mediziner kamen bei ihrer Studie zu dem Schluss, dass Patienten, die sich vor dem Eingriff gestresst fühlten, eine deutlich geringere Menge eines Proteins aufwiesen, das für die Säuberung der Wundstelle sorgt. Und bei jenen, die sich besonders große Sorgen über die bevorstehende Operation machten, war der Gehalt dieses Proteins noch geringer und trug dementsprechend zu einer verzögerten Wundheilung bei.

Es ist entscheidend, von welchen Vorstellungsbildern Sie sich primär leiten lassen. Werden diese hauptsächlich von Ihren Ängsten oder von Ihren Wünschen bestimmt?
Worauf wir unsere Aufmerksamkeit richten, dort entwickeln wir uns hin! „Zu glauben heißt, für wahr zu halten, was noch nicht ist. Der Lohn für solchen Glauben ist, dass das, was noch nicht ist, wahr wird."(Augustinus)
Eine Kundin studierte Pädagogik, stand kurz vor einer wichtigen Prüfung und hatte große Prüfungsängste. Sie fühlte sich derart gelähmt, dass es ihr kaum möglich war, sich auf das Lernen zu konzentrieren. Wir hinterfragten gemeinsam ihre Ängste und es stellte sich heraus, dass sie diese primär mit dem Prüfer, einem Ihrer Professoren, verband. Als es Ihr in der Visualisierung gelang, sich bildhaft vorzustellen, dass dieser Professor ihr nach der Prüfung herzlich dazu gratulierte, dass sie die Prüfung geschafft hat (so als wäre es bereits geschehen), legten sich ihre Ängste und konnte dementsprechend gelassen zur Prüfung antreten. Durch Entspannungs- und Visualisierungsübungen wurden ihre Ängste abgebaut und sie hat diese Prüfung mit Erfolg geschafft. Kreatives Visualisieren blendet nicht die gegenwärtige Realität aus, sondern kann Ihnen helfen, sich nicht primär von Ihren Blockaden und Ängsten bestimmen zu lassen.

Wenn Sie sich ein erwünschtes Zukunftsbild mit allen Sinnen (Hören, Sehen, Fühlen, Schmecken, Riechen) vorstellen, so, als wäre das Ereignis bereits geschehen, so ziehen Sie dieses Zukunftsbild magnetisch in die Gegenwart und wird zur Realität.
Das heißt, dass Sie sich zu diesem vorgestellten Bild hingezogen fühlen und damit die Wahrscheinlichkeit erhöhen, das vorgestellte Ziel zu erreichen. Weil Sie danach Ihr Verhalten ausrichten und dieses massiv mitbestimmen!

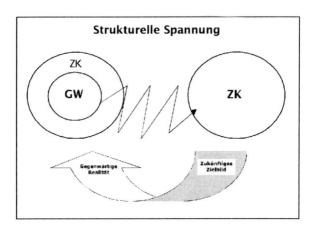

Um Ihnen das zu verdeutlichen, erzähle ich Ihnen noch einige Beispiele aus eigener Erfahrung:

Zu Beginn meiner Tätigkeit als Karriereberaterin & Trainerin arbeitete ich als Angestellte in verschiedenen Projekten mit. Ich träumte damals davon, beruflich selbstständig tätig zu sein.
Ich visualisierte mein zukünftiges Zielbild. Es tauchten Bilder auf, in denen ich bereits das Namensschild meines jetzigen Unternehmens „Karriere Werkstatt" sah. Dann erblickte ich in meinem imaginären Bild eine Sekretärin, die mich bei meiner Arbeit unterstützte. Es irritierte mich anfangs etwas, da es kaum denkbar war, dass es sobald möglich sein sollte, ein eigenes Büro und eine Mitarbeiterin zu finanzieren. Und doch wurde es Wirklichkeit. Denn es verging nicht allzu viel Zeit, bis ich mich beruflich selbstständig machte und mir von einem Büroservice-Betrieb die Dienstleistungen „Raummiete inkl. Sekretariatsleistungen" angeboten wurden. Somit wurde mein Zukunftsbild real. Schneller, als ich jemals erhoffte!

Als ich an der Karl-Franzens-Universität meinen ersten Vortrag zum Thema „Selbstmotivation und Karriereplanung für Akademikerinnen" hatte, war ich dementsprechend nervös und legte mich am Tag zuvor an einem See in die Sonne und stellte mir vor, als wäre der Vortrag bereits erfolgreich verlaufen. Es war ein gutes Gefühl. Ich kostete diesen angenehmen Zustand vollkommen aus, da tauchten plötzlich Bilder in meinem Kopf auf von einem

Film, den ich zuvor gesehen hatte. Es war der Film „Der Club der toten Dichter", in dem Schüler einem Lehrer die Ehre erwiesen, da dieser von der Schule geflogen war, weil er für die Direktion „zu progressive Lehrmethoden" vermittelte. Er lehrte sie, im Unterricht auf den Tisch zu steigen und dadurch die Dinge aus einer anderen Perspektive zu betrachten. Die ganze Klasse stieg beim Abschied des Lehrers auf die Schulbank und wollte damit dem scheidenden Lieblingslehrer ihre Loyalität und Zuneigung demonstrieren. Eine schöne Szene! Ich wusste zuerst mit diesem Bild nichts anzufangen und vertraute dann etwas zögernd doch darauf, dass mir mein Unterbewusstsein ein klares Bild davon vermittelte, was ich zu tun hätte, damit mein Vortrag erfolgreich verlaufen würde. Tatsache ist, dass ich bei diesem Vortrag eine Übung mit den Teilnehmerinnen machte, bei der sie die Aufgabe hatten, auf ihrem Stuhl zu stehen und eine bestimmte Übung in dieser Position zu wagen. Die Teilnehmerinnen waren begeistert und es war ein erfolgreicher Vortrag!

Ein weiteres Beispiel: Ich hatte vor vielen Jahren eine Grenzerfahrung, indem ich auf einer Südamerikareise in Venezuela Opfer eines Raubüberfalles wurde. Wie es der Zufall wollte, hatte ich damals als Reiselektüre ein Buch dabei, in dem ich das erste Mal auf die Methode des „kreativen Visualisierens" aufmerksam wurde.
In diesem Buch war diese Technik beschrieben und ich hätte damals nicht gedacht, dass ich so schnell in die Situation kommen würde, diese Methode unmittelbar zum Einsatz zu bringen. Als uns die bereits mehrmals vorbestraften, bewaffneten Banditen überfallen und in eine Wüstenlandschaft entführt hatten, stellte ich mir in dieser für mich lebensbedrohlichen Situation bildhaft vor, wie die Täter von uns abließen und in der Wüste verschwanden, indem sie - in meiner Phantasie - immer weiter weg gingen und immer kleiner wurden, bis sie verschwunden waren. Tatsache war, dass sich das tatsächlich so ereignet hat, ohne dass sie ihre Drohungen Wirklichkeit werden ließen. Die Ereignisse entwickelten sich dann so unglaublich, wie sie nur das Leben selbst beschreiben kann. Alles fügte sich zum Besten und die Täter wurden binnen zwei Stunden von der ortsansässigen Polizei gefasst. Und das für südamerikanische Verhältnisse!!

Nun wiege ich mich nicht in einer Machbarkeitsillusion, dass dies lediglich auf meine Visualisierung zurückzuführen sei. Aber eines ist gewiss, ich habe durch mein gelassenes Verhalten, obwohl mein Leben auf dem Spiel stand, die Situation entschärft und mit beeinflusst. Unter anderen Umständen wäre ich vermutlich in Panik geraten! Seither vertraue ich auf diese Methode!

Nun müssen Sie nicht erst in so eine Extremsituation geraten, um von dieser Technik Gebrauch zu machen. Im Übrigen habe ich dieses Buch - bereits als ich zu schreiben begann - in meiner Visualisierung im Regal einer Buchhandlung gesehen!

Das „kreative Visualisieren" lässt sich in vielen Lebenslagen gut anwenden, auch Spitzensportler bedienen sich dieser Methode. **Es funktioniert, wenn das Ziel stimmig sowie durch Sie selbst beeinflussbar ist, der Zeitpunkt passt und Sie daran glauben!**

Die Kunst liegt darin, sich ein Ziel vorzustellen, ohne sich zu verbeißen, um es dann wieder loszulassen und darauf zu vertrauen, dass sich alles nach Ihren innersten Bedürfnissen entwickelt!

Sogar in der Bibel steht geschrieben: „Bittet um das, was ihr wollt - glaubt nur, dass ihr es habt, und es wird werden - jedem geschieht sein Glaube" (Matthäus 7/7).

Es setzt nicht voraus, dass Sie ein frommer Christ oder „Kirchenmitglied" sind, es funktioniert auch bei Atheisten, wenn Sie daran glauben und sich darauf einlassen. Einen Versuch ist es allemal wert! Vorausgesetzt, Sie haben Ihre persönlichen Ziele gut überprüft, ob sie auf Ihre Werte ausgerichtet sind und Ihrem Talent entsprechen, Sie genug Ressourcen zur Verfügung haben und es sich um ein durch Sie beeinflussbares und ausführbares Ziel handelt!

Nutzen Sie die Kraft der inneren Bilder! Aber ich möchte mit den weit verbreiteten Spekulationen aufräumen, „man könne alles erreichen, wenn man nur will". Diese Sichtweise suggeriert nämlich, dass man versagt hätte, wenn etwas nicht gelingt. Wir können viel bewirken und beeinflussen, aber eben nicht alles!

Ich hatte vor vielen Jahren eine unspezifische Sprunggelenksverletzung, die bewirkte, dass ich über eineinhalb Jahre eine Gehbehinderung hatte und humpeln musste. Damals funktionierte meine Visualisierung nicht, weil ich mir das Bild, in dem ich wieder gehen konnte, einfach nicht vorstellen konnte. Immer, wenn ich es versuchte, stürzte ich in meiner Phantasie zu Boden. Damit sich diese negative Phantasie nicht in meinem Unterbewusstsein verfestigte, ließ ich es vorerst bleiben. Ich spürte deutlich, dass mir meine Blockade etwas zeigen wollte und der richtige Zeitpunkt zur Umsetzung erst kommen würde, und nahm dies als Hinweis, etwas in meinem Leben zu ändern. Ich hatte damals eine Trennung hinter mir, zog in eine neue Stadt, hatte keine Wohnung und keinen Job. Meine Gehbehinderung zeigte mir sehr deutlich, dass mir das alles zu viel wurde und dass ich zu schnell unterwegs war! So ging ich im wahrsten Sinne des Wortes einen Schritt nach dem anderen, zügelte mein Tempo und es entwickelte sich alles zum Besten. Eins nach dem anderen! Erst als ich meine „Gangart" im Leben änderte, indem ich schrittweise meine Ziele umsetzte, konnte ich es mir bildhaft vorstellen, dass ich wieder normal gehen kann. Und erst zu diesem Zeitpunkt konnte ich es dann auch tatsächlich tun! Was wäre das Schlimmste, das Ihnen passieren könnte? Dass es eben nicht funktionieren könnte! Dann hinterfragen Sie, ob der Zeitpunkt für Ihr Vorhaben passend ist, ob Ihr Ziel stimmig ist, ob das Ziel Ihrem Wesen und Ihrem Talent entspricht und ob es ein von Ihnen beeinflussbares Ziel ist. Stimmen Sie dementsprechend Ihr Ziel auf das Ergebnis Ihrer Überlegungen ab. Sollte es trotzdem nicht klappen, bitte ich Sie, lieber die Methode in Frage zu stellen, als sich selbst für unfähig zu halten! Nicht jede Methode ist für jeden Menschen geeignet. Oder Sie probieren es zu einem späteren Zeitpunkt einfach noch einmal!

ZUSAMMENFASSUNG

Mein klar definiertes Ziel lautet:

....

Meine Teilziele in Etappen: **Meine Belohnungen:**

....

....

....

Meine Anerkennungen, die mir gut tun und die ich mir selbst gebe, lauten:

....

....

Meine persönlichen Affirmationen:

....

....

IHR ZIELBILD VISUALISIEREN :

Wie sieht Ihre „Visualisierung" (bildhafte Vorstellung) aus, so, als hätten Sie Ihr Ziel bereits erreicht?
Beschreiben Sie Ihr Zielbild. Nehmen Sie es mit allen Sinnen wahr und malen Sie es in allen Farben aus. Was sehen, hören, fühlen, riechen, schmecken Sie, wenn Sie sich Ihr Zielbild vorstellen?

Was sehe ich?

....

Was höre ich?

....

Was fühle ich?

....

Was rieche ich?

....

Was schmecke ich?

....

Nun stellen Sie sich vor, dass Ihnen eine Person, die Ihnen persönlich sehr wichtig ist, dazu gratuliert, dass Sie Ihr Ziel so erfolgreich erreicht haben. Phantasieren Sie sich dieses Bild und stellen Sie sich vor, dass diese Person Sie umarmt oder Ihnen die Hand schüttelt und sich mit Ihnen freut!

Was ist das für ein Gefühl?

....

Diese Visualisierungsübung ist besonders effektiv, wenn Sie diese in einem sehr entspannten Zustand machen. Am besten, Sie machen dies, bevor Sie einschlafen. Je öfter Sie diese Übung wiederholen, umso vertrauter wird Ihrem Unterbewusstsein dieses Zielbild. Dementsprechend erhöhen Sie damit die Wirksamkeit.

MORGEN- UND ABENDFRAGEN

MORGENFRAGEN:

- Worüber bin ich in meinem Leben glücklich?

- Worüber kann ich mich in meinem Leben freuen?

- Wofür bin ich in meinem Leben dankbar?

- Wofür kann ich mich in meinem Leben begeistern?

- Was finde ich in meinem Leben aufregend und spannend?

- Wofür stehe ich in meinem Leben ein?

- Wen liebe ich und von wem werde ich geliebt?

- Was ist zu tun und was davon möchte ich heute tun?

ABENDFRAGEN:

- Was habe ich heute alles getan?

- Was habe ich heute für mich, für mein Leben getan?

- Welchen Beitrag habe ich heute für andere geleistet?

- Was habe ich heute gelernt?

Diese Fragen zur richtigen Zeit geben Ihnen die Möglichkeit, jeden Tag selbstmotiviert und ganz bewusst zu gestalten und am Abend gut abzuschließen. Es ist gut denkbar, dass Sie sich diese Morgen- und Abendfragen bei der Hinfahrt zum Arbeitsplatz sowie auf der Heimfahrt stellen.

4. ERFOLGSFORMEL & ZIELERREICHUNG

„ERFOLG IST EIN PERSÖNLICHER ENTWICKLUNGSPROZESS UND DIE UMSETZUNG KLAR DEFINIERTER ZIELE"

DIE ERFOLGSFORMEL:

E ntwickle deine Persönlichkeitsstärken.

R ichte deine Visionen nach deinen Grundwerten.

F olge dem Ruf deines Herzens.

O rientiere dich nach deinen eigenen Maßstäben.

L obe dich selbst für jeden kleinen Erfolg.

G laube an die Verwirklichung deiner Ziele!

Betrachten Sie diesen Leitfaden nicht als Patentrezept, sondern füllen Sie diesen mit Ihren eigenen Inhalten.

> *„Gib mir die Gelassenheit,*
> *Dinge hinzunehmen, die ich nicht ändern kann.*
> *Gib mir den Mut, Dinge zu ändern,*
> *die ich ändern kann.*
> *Und gib mir die Weisheit,*
> *das eine vom anderen zu unterscheiden."*
> *Friedrich C. Oetinger*

„Als wir unser Ziel aus den Augen verloren haben, verdoppelten wir unsere Anstrengungen." (Mark Twain)
Es liegt in der Natur der Sache, dass, wenn etwas nicht gleich funktioniert, Sie es vermutlich zumeist reflexhaft noch einmal mit der gleichen Methode probieren. Was tun Sie z. B., wenn es Ihnen nicht gleich auf Anhieb gelingt, ein Gurkenglas zu öffnen? Viele würden es noch einmal mit mehr Kraftanstrengung zu öff-

nen versuchen, bevor sie daran denken, eine andere Technik zu probieren, wie z.B. das Glas unter fließendes heißes Wasser zu halten oder ein Werkzeug zu Hilfe zu nehmen. Ich gebe Ihnen damit keine „praktischen Anleitungen zur Hausarbeit". Dies dient nur zur vergleichsweisen Symbolik.

Wenn Ihnen etwas nicht gelingt, wenden Sie statt „mehr von derselben" eine andere Methode an! **Ziele lassen sich am besten verwirklichen, wenn man sie in Ruhe angeht. Gelassen zu sein bedeutet: Begleitumstände beachten und auch überlegen, ob der richtige Moment gekommen ist sowie die Dinge sich entwickeln lassen.**

„Verlangsame dein Tempo, und genieße das Leben.
Du verpasst nicht nur die Landschaft, wenn du
zu schnell vorangehst – du verlierst auch das
Gefühl dafür, wohin du gehst und
warum du dorthin gehst."
Eddie Cantor

Es gibt durchaus Grenzen der Machbarkeit. Eine Rose z. B. muss selbst zur Blüte kommen, man kann die Knospe nicht aufbrechen. Das ist wieder vergleichbar mit der Haltung eines Gärtners, der seine Pflanzen hegt und pflegt und sie nach Witterung mal in die Sonne und mal in den Schatten stellt.

Stilles Reifen

Alles fügt sich und erfüllt sich,
musst es nur erwarten können
und dem Werden deines Glückes
Jahr und Felder reichlich gönnen.
Bis du eines Tages jenen
reifen Duft der Körner spürest
und dich aufmachst und die Ernte
in die tiefen Speicher führest.

Christian Morgenstern

Wir ziehen dagegen oft genug an der Pflanze, damit sie schneller wächst, oder wir gleichen Schwimmern, die inmitten einer reißenden Fluss-Strömung zum Ufer wollen, obwohl vielleicht 200 Meter weiter ruhiges Wasser und eine flache Bucht warten. Eine Situation anzunehmen, die man nicht ändern kann, ist eine der schwersten Übungen. Weil oft nicht eindeutig feststeht, ob sich das Ruder nicht doch noch herumreißen lässt.

Es kann auch Sinn machen, einen Job als vorübergehende Station zu betrachten, aus dem Sie später noch profitieren können. Wenn ich an meine Tätigkeit als Regionalleiterin einer Organisation für Unternehmensgründerinnen zurückdenke, so komme ich zu dem Schluss, dass ich heute noch von dieser für mich damaligen sehr frustrierenden Arbeitssituation profitiere. Ich schleppte mich jeden Morgen völlig demotiviert ins Büro, weil ich eigentlich Mädchen für alles war, eine tyrannische Chefin hatte, der man nichts recht machen konnte und das Betriebsklima dementsprechend vergiftet war. Ich habe mir ein Zeitlimit gesetzt und sagte mir immer wieder, dass ich das nächste halbe Jahr noch durchhalten und eines Tages auf diese Erfahrungswerte zurückgreifen werde. Der Vorteil lag auch darin, dass ich mich damals entschlossen habe, mich selbstständig zu machen und die Ressourcen des Unternehmens für meine eigene Unternehmensgründung zu nützen.
Vielleicht haben Sie sich z. B. entschieden, einen Job nur des Geldes wegen die nächsten paar Jahre auszuüben, um sich den bisherigen Lebensstandard zu sichern.
Oder die jetzige Tätigkeit könnte später für Ihre Zielerreichung von Nutzen sein. Seien es die Erfahrungswerte, die Kontakte oder sogar die Misserfolge, die Sie als Lernaufgaben mitnehmen können, um sie in Zukunft zu vermeiden und an diesen Herausforderungen gewachsen zu sein. Entscheidend ist, dass Sie ein klares Ziel vor Augen haben!

Dir. Franz Küberl, Präsident der Caritas Österreich, Direktor der Caritas - Diözese Graz-Seckau, verheiratet, 2 Kinder

„Mein größter Erfolg war, dass meine Schulzeugnisse nie eine

Rolle gespielt haben. Ich habe in einem Kurs mal eine Rede ge-
halten, da wäre ich am liebsten im Boden versunken. Man bewäl-
tigt auf diese Weise sein Defizit. Die entscheidenden Zusatzerfah-
rungen macht man, wenn man etwas tut, was nicht unbedingt
mit dem eigenen, ursprünglich erlernten Beruf zu tun hat. Wer
England kennt, kennt England nicht - das gilt auch im beruflichen
Milieu. Die nächste Chance ist immer die beste. Wenn ich eine
bessere Möglichkeit habe, kann ich mich immer noch verändern.
Dabei ist es wichtig für mich, bodenständig und himmelsoffen zu
sein. Das glückende Leben ist eine Mischung aus dem, was man
selbst zustande bringt und dem, was einem widerfährt. Seitdem
ich bei einem Sturz eine Hirnblutung erlitten habe und mein Le-
ben an einem seidenen Faden hing, nehme ich mir das Recht,
Dinge anders zu betrachten. Ich bin ja auf den Kopf gefallen!"

Lebenskunst kann sich manchmal auch gerade darin äußern, zunächst zu versuchen die Optionen zu erweitern, dann aber, wenn
hier die Grenzen ausgeschöpft sind, diese Situation zu akzeptieren und sich mit den Verhältnissen zu arrangieren, ohne sich von
ihnen erdrücken zu lassen. Das Annehmen einer Situation kann
manchmal mehr Bewegung bringen als der Versuch, mit aller
Macht Einfluss zu nehmen. Es kann vorkommen, dass erst die
Annahme eine Veränderung des Status quo bewirkt! Sollten Sie
eine Absage bei einer Stellensuche bekommen haben, kann es
Sinn machen, sich einfach zu sagen, dass es nicht sein hat sollen.
Dass es Sinn haben wird: „Dann wartet etwas anderes, Besseres
auf Sie!" Damit eröffnen Sie sich wieder neue Möglichkeiten!

Kennen Sie den? Ein Mann kommt zur Musterung beim Militär.
Als ihn der Feldwebel empfängt, fragt er den Mann nach seinem
Namen. Er antwortet darauf: „Wo ist er denn?" Egal, was er ge-
fragt wird, antwortet er immer: „Wo ist er denn?" Der Feldwebel
denkt sich, dass er nicht alle Tassen im Schrank hat. So landet der
Mann beim Militärspsychiater. Da beginnt das Spiel von vorne.
Immer wieder beantwortet er die Fragen mit: „Wo ist er denn?".
Der Psychiater sagt zu ihm: „Hier beim Militär können wir sie nicht
gebrauchen - da haben Sie den Entlassungsschein." Der Mann
nimmt den Entlassungsschein und sagt: „Ach, da ist er ja!"

Es gibt Menschen, die werden für „verrückt" gehalten, obwohl sie ganz konsequent dabei sind, ihr Ziel zu verfolgen und auch zu erreichen. So wie dieser Mann und wie bereits erwähnt auch Walt Disney!

Schwer wird Ihr Leben aber nicht nur durch die feste Überzeugung, alles machen zu können, sondern auch, wenn Sie sich über den Mangel definieren. Wenn Sie dem anderen zustimmen, wie er ist, und seine Grenzen akzeptieren, ergeben sich innerhalb dieser Grenzen mehr Möglichkeiten, als wenn Sie versuchen, andere Menschen zu verändern. Es kommt weniger Positives heraus, wenn Sie sich gemäß den Erwartungen des anderen zu ändern versuchen, als wenn Sie den anderen so nehmen, wie er ist. Das bedeutet nicht, dass Sie alles tolerieren sollen oder dass Sie in einem Job, der Sie unglücklich sein lässt, bleiben sollen.

Aber: Wenn Sie sich entscheiden zu bleiben oder es als vorübergehende Zwischenstation betrachten, dann kommt man mit Akzeptanz oft weiter als mit Umerziehungsprogrammen von Mitmenschen. Sie haben sich entschieden, jetzt eine Situation verändern zu wollen? Dann bedarf es einer Portion Mut, dieses Ziel auch umzusetzen. Mit allen Konsequenzen. Denn jede Entscheidung hat auch einen Preis. Wenn Sie bereit sind und sich auch bewusst machen, den Preis zu bezahlen zur Veränderung, dann sind Sie auf dem besten Weg, Ihr Ziel zu erreichen!

„Wenn Sie ein Problem nicht lösen können,
lösen Sie sich vom Problem!"
N.N.

Wenn sich aber herausstellen sollte, dass Sie eine Entscheidung getroffen haben, die sich als Irrtum herausgestellt hat, haben Sie auch den Mut, die Richtung zu ändern. Denn manchmal halten Menschen an Projekten fest, obwohl sie auf Sand gebaut sind. Sobald wir eine Entscheidung getroffen haben, besteht die Tendenz, Informationen, die unsere Entscheidung infrage stellen könnte, auszublenden und nicht mehr wahrzunehmen, weil wir glauben, keine Alternative zu haben. Aber auch, wenn wir bereits sehr viel Energien in ein Projekt gesteckt haben, fällt das Loslassen dementsprechend schwer. Es macht einfach einen

Unterscheid, ob man sich auf ein Ziel konzentriert und offen ist für mögliche Änderungen oder ob man sich fixiert und alle Alternativen ausblendet. In unserer Leistungsgesellschaft ist das „Nicht aufgeben" ein hoher Wert. „Dranbleiben, durchhalten, durchbeißen", heißt die Devise. **Persönlicher Erfolg heißt aber, dass es nicht nur wichtig ist, sich angemessene Ziele zu setzen und diese ausdauernd zu verfolgen, sondern dass man sich auch von Zielen lösen sollte, wenn man sie nicht oder nur mit großen Verlusten erreichen kann.**

Dr. Veronique Gorris, Medizinerin, Regisseurin, Prof. an der Uni in Quito/Ecuador verheiratet, 3 Kinder

„Als Kind wollte ich Tänzerin, Sängerin oder Schauspielerin werden. Meine Eltern legten aber viel darauf, dass ich beruflich etwas anstreben sollte, was in der Gesellschaft anerkannt ist und Sicherheit bietet. So habe ich Medizin studiert und der künstlerische Teil kam zu kurz. Über die Krankheit kam ich dann zu meinem jetzigen Beruf. Mit 23 Jahren erkrankte ich schwer. Da bin ich mit der Fragestellung konfrontiert worden, wie lange das Leben noch währt. Ich fragte mich, wenn ich nun sterben würde, wäre ich dann glücklich und zufrieden, wenn ich auf mein Leben zurückschauen würde? Da habe ich an mir zu arbeiten begonnen und bin zur Körperarbeit in die Bewegungstherapie nach Feldenkrais gekommen und letztendlich zu meiner künstlerischen Arbeit. Ich lebe mit meiner Familie seit langer Zeit in Ecuador und habe hier gemeinsam mit meinem Mann unter enormen persönlichem Einsatz die holistische ‚Pachamama'-schule in Ecuador aufgebaut. ‚Pachamama' bedeutet Mutter Erde, aus dem Quichua, der hiesigen Indianersprache. Wir integrieren Kinder aus allen sozialen und ethischen Schichten, die in diesem Land noch immer diskriminiert sind und sonst keine Chance auf eine angemessene Bildung hätten. Wir haben eine Stiftung gegründet und suchen immer um Unterstützung für unseren Sozial- und Stipendienfond für Kinder, die von Anfang an die Möglichkeit zu authentischer Entwicklung bekommen sollen, unabhängig von ihrer Herkunft. Johann Strauß wurde mein Vorbild, über den man sagte, dass er sein ganzes Leben lang nur Freunde hatte, weil er so viel Freude in die Herzen der Menschen gebracht hat."

Seien Sie entschlossen genug, um Ihr Ziel zu verwirklichen, aber auch flexibel genug, notfalls die Richtung zu ändern!
„Mut steht oft am Anfang von Unternehmungen – persönlicher Erfolg am Ende."

- Welche meiner persönlichen und fachlichen Stärken kann ich am besten für meine Zielerreichung einsetzen?

....

....

....

....

225

„Persönlicher Erfolg ist das, was folgt,
wenn Sie dem Rufe Ihres Herzens folgen."

5. ERFOLGSSTORY & ERFOLGSKONTO

Schreiben Sie Ihre eigene persönliche Erfolgsstory. Daran denken genügt nicht, sondern schreiben Sie die Inhalte auf. Sie werden erstaunt sein, wie viele Begebenheiten wieder in Erinnerung gerufen werden, die Sie bereits vergessen glaubten. Nehmen Sie zuvor ein Blatt Papier und zeichnen Sie Ihre Lebenslinie, führen Sie als Rechtshänder mit der linken Hand (!) den Stift gedanklich von Station zu Station über den Bogen Papier und denken Sie jeweils an all Ihre besonderen Ereignisse Ihres Lebens, wie Eintritt in den Kindergarten, Schulbeginn, erste Liebe, Geburten, Todesfälle, Hochzeiten, Scheidungen, Eintritt ins Berufsleben etc., alles, was Ihnen wichtig erscheint. Lassen Sie dabei Ihre Hand von Ihrem Gefühl führen, ob es bergauf oder bergab ging für Sie. So erhalten Sie dann ein gefühlsmäßiges Erfolgsbarometer, an dem Sie erkennen können, bei welchen Ereignissen Sie sich besonders wohl gefühlt haben.

Den Stift in der linken Hand zu halten war wichtig, da wir uns dabei mehr vom Gefühlsbereich leiten lassen.

Zeichnen Sie nun mittlerweile wieder mit der üblichen Schreibhand Symbole für die jeweiligen Ereignisse zu jeder Kurve wie z. B. Eheringe für die Trauung, ein Kreuz für Todesfälle, einen Geldschein für Ihren ersten Job etc., damit Sie sich später daran erinnern können.

Nun schreiben Sie mit Hilfe dieses Barometers Ihre persönliche Erfolgsstory, indem Sie die Höhen Ihres Lebens beschreiben. Überlegen Sie sich, was rückblickend das Gute an den Tiefpunkten war, und führen Sie auch diese an. Dabei geht es nicht darum, die Vergangenheit mit einem verklärten Blick künstlich neu zu konstruieren oder umzudeuten. Sondern viel mehr darum, dass vieles aus dem Abstand heraus aus einem anderen Blickwinkel betrachtet werden kann und so manches „Schlechte" rückblickend auch einen guten Teil haben kann. Schreiben Sie die Story am besten als Artikel.

Lesen Sie sich die Story durch, wenn Sie an einem Tiefpunkt angelangt sind, es wird Sie daran erinnern, dass es immer wieder Höhepunkte in Ihrem Leben gab, die meist auf Talfahrten folgten.

Uwe Sommersguter, Journalist, Chefredakteur der Kärntner Woche, verheiratet, 1 Kind

„Persönlicher Erfolg hängt mit Zufriedenheit und Glück zusammen, sodass man sich wohlfühlt. Man kann Erfolg nicht genießen, wenn man nicht zufrieden ist. Zufriedenheit bedingt Erfolg. Ich hatte das Glück, mit 20 Jahren beim Standard ein Volontariat machen zu können. Wenn man das nicht hat, tut man sich da schon schwerer. Das war eine sehr gute Ausgangssituation. Ich kann mir als Chefredakteur sehr gut einreden, dass es, wenn ich nicht da bin, nicht funktioniert. Das ist meine Selbstmotivation. Gott sei Dank war ich noch nie länger weg, um den Gegenbeweis zu haben, dass es auch ohne mich geht. Am meisten hat es mich weitergebracht, dass ich bei einem Jobwechsel immer etwas riskiert habe. Wobei das vor der Geburt meiner Tochter war und die Risikobereitschaft mit der Familiengründung abnimmt. Einerseits ist das gut so, aber anderseits macht einen das unbeweglicher. Das Gefühl zu haben, ich kann nichts verlieren und das Risiko hat sich bisher immer gelohnt! Ich habe immer Menschen als Förderer gehabt, die mir etwas zugetraut haben. Selbst etwas zu riskieren und jemanden zu haben, der einem eine Chance gibt, hat mich am meisten weitergebracht. Risikobewusstsein, Innovationsbereitschaft und Kreativität waren dabei wichtige Eigenschaften. Jeder Journalist sucht immer die Geschichte, welche meistens negativ ist. Es ist auch wichtig und berechtigt, das zu suchen, was nicht so läuft, wie es sein sollte. Mir kommt es sehr entgegen, wenn ich Sachverhalte schildern darf über Menschen, die etwas Positives geleistet haben. Das ist etwas, was für mich sehr angenehm ist und mir persönlich auch entspricht."

Und manchmal kann es auch sein, dass es Ihnen möglich wird zu erkennen, dass es Situationen gab, die Sie rückblickend sogar als sinnvoll erkennen, obwohl Sie es damals vielleicht als Krise erlebt haben. Schlüpfen Sie auch kurz in die Rolle eines Journalisten, der nicht die negative Geschichte sucht, sondern die guten Anteile Ihrer Laufbahngeschichte betont und in Ihrer persönlichen Erfolgsstory würdigt.

„Ein Mensch schaut in die Zeit zurück
und sieht, sein Unglück war sein Glück!"
Eugen Roth

• **Meine persönliche Erfolgsstory:**

....

....

....

....

....

....

....

....

....

....

....

....

•**Welche Tiefpunkte stellten sich rückblickend für mich als sinnvoll heraus?**

....

....

Dr. Michaela Preiner, Kunsthistorikerin, Unternehmerin/ Rahmenfachspezialistin verheiratet, 2 Kinder

„Schicksalsschläge haben mich am meisten weitergebracht. Der frühe Tod meines Vaters und als ich mit 28 Jahren todkrank wurde, diese Ereignisse haben mich sehr geprägt. Auch als mein Ex-Mann nach 25 Jahren von heute auf morgen gekündigt wurde. Da wäre es fatal, wenn man auch noch täglich eine Unzufriedenheit an den Tag legen würde. Das wäre umsonst gelebte Zeit. Als ich damals im Krankenhaus lag, ahnte ich, dass meine Schicksalsschläge ein Hinweis waren, in meinem Leben was zu verändern. Da wusste ich plötzlich, dass ich etwas mit Kunst machen muss. Es ist wichtig, sich unbedingt die Zeit zu nehmen, darüber nachzudenken. Alles, was mir widerfahren ist, hatte seinen Sinn. Ich möchte nichts davon in meiner Entwicklung missen. Denn ich hätte heute nicht diese Einsichten und könnte heute mein Leben nicht so leben, wenn ich diese schwierigen Phasen nicht erlebt hätte!"

• **Verbuchen Sie nun in Stichwörtern alle für Sie wichtigen persönlichen Erfolge auf Ihr Erfolgskonto:**

....

....

....

....

....

Dieses persönliche Erfolgskonto wird ständig auf der Habenseite wachsen, wenn Sie sich selbst treu bleiben, sich von Rückschlägen nicht entmutigen lassen und dem Ruf Ihres Herzens folgen! Der Lohn dafür sind Zufriedenheit und persönlicher Erfolg, wenn Sie diese Freude mit anderen teilen.

„Es ist nicht genug zu wissen,
man muss es auch anwenden.
Es ist nicht genug zu wollen,
man muss es auch tun."
J. Wolfgang von Goethe

6. SELBSTVEREINBARUNG

Zielrahmen-Fragebogen

Dieser „Aktionsplan zur konkreten Umsetzung" hilft Ihnen Ihre Ziele sehr klar einzugrenzen und zu bestimmen. Sie werden keine Chance haben, einer Frage ausweichend zu antworten, wie wir es gerne manchmal tun. Dadurch bringen die konkreten Fragen und Antworten Sie in Aktion und somit zur konkreten Umsetzung Ihrer Ziele.

1. WAS IST MEIN ZIEL?
Positiv formulieren und möglichst genau beschreiben & eingrenzen. (z.B.: Ab 1. Jänner bin ich rauchfrei!)

....

2. WORAN WERDE ICH ERKENNEN, DASS ICH MEIN ZIEL ERREICHT HABE?
Formulieren Sie für sich und andere wahrnehmbare Kriterien. Wie sehe ich aus, was höre ich, wie fühle ich mich, wenn ich mein Ziel erreicht habe? Was mache ich dann anders und wie mache ich es?

....

3. ZIEL-KONTEXTBESTIMMUNG
Wer, mit wem, wann, wo....?

....

4. WAS IST DER VORTEIL DER DERZEITIGEN SITUATION?
Wie kann ich diesen Vorteil in das angestrebte Ziel integrieren?

....

5. ÖKOLOGISCHE ÜBERPRÜFUNG

Wie verändert sich durch die Zielerreichung mein Leben und wie verändern sich meine Beziehungen zu den Menschen, die mir wichtig sind? Wie, glaube ich, werden diese Personen dann über mich denken? Was sind die positivsten/negativsten Konsequenzen meiner Zielerreichung? Was gebe ich auf? Was ist der Preis?

....

6. WELCHE HILFE BRAUCHE ICH?

Was und wen brauche ich? Welche Ressourcen habe ich bereits?

....

7. GIBT ES EIN HINDERNIS AUF DEM WEG ZUM ZIEL?

Woran ist dieses Hindernis zu erkennen? Wie ist es wahrnehmbar?

....

8. LÖSUNGSMÖGLICHKEITEN

Womit und wodurch kann ich dieses Hinternis entschärfen, bewältigen, lösen?

....

9. WANN WERDE ICH MEIN ZIEL ERREICHT HABEN?

....

10. WAS IST MEIN ERSTER SCHRITT?

....

11. WANN WERDE ICH DEN ERSTEN SCHRITT TUN?

Konkretes Datum mit sich selbst Vereinbaren.

....

(Dieser Zielrahmen-Fragebogen wurde kreiert von Frau Wanda Moser-Heindl, Telemach GmbH, Wien, gemeinsam mit Herrn Peter Krehan, systemischer Familientherapeut, für den Ausbildungslehrgang zum Sozial-und Berufspädagogen weiterentwickelt und mit freundlicher Genehmigung für dieses Buch zur Verfügung gestellt!)

Auf der nachfolgenden Seite können Sie Ihre Selbstvereinbarung noch einmal auf den Punkt bringen.

DARUMA-SELBSTVEREINBARUNG

Es war einmal ...

... so fängt ein richtiges Märchen an. Aber auch wenn diese Geschichte märchenhaft ist, so ist sie doch wirklich. Vor mehreren Jahrhunderten lebte ein schöner Prinz in einem herrlichen Reich im fernen Indien. Hier im Land des Yogi wuchs er unter strengen physischen Übungen auf, die ihn zu tiefer Konzentration, Selbstkontrolle und geistige Einsicht führen sollten. Sein Name war **Daruma.**

Die Jahre vergingen und Daruma wurde ein alter weiser Mann. Eines Tages beschloss er, nach Japan zu reisen. Hier wurde er schnell bekannt, bewundert und respektiert. Ja, er wurde als ein Symbol des Glücks betrachtet, weil er eine positive Lebenseinstellung hatte. Bis nach China wurde das Gerücht über diesen Glücksbringer verbreitet. Japanische und chinesische Lehrlinge gingen herum und sagten: „Nana korobi ya oki." Das war der berühmte Darumaausdruck: **„Du kannst Dich achtmal erheben, nachdem du siebenmal gefallen bist"**. Daruma hatte den Wunsch, uns zu lehren, nach jeder Niederlage neu zu beginnen. Eines Tages starb Daruma, 130 Jahre alt. Sein Name wurde nie vergessen. Er baute sogar einen Tempel mit dem Namen „Shorinzan Darumadera". Die Leute sprachen darüber, dass der oberste Priester, der den Tempel gebaut hatte, heimlich im Besitz eines Daruma-Zaubermittels war, welches Glück und Erfolg bot. Der neunte Priester in diesem Tempel machte eine Holzpuppe, die den Bauern von Tokio helfen sollte, Darumapuppen aus Papier herzustellen. Die Puppen wurden „Mame Daruma" (Die Puppe ohne Augen) genannt oder „Kigan Daruma" (Glücksbringer-Daruma).

Die Augen sollte der Besitzer selbst auf den Daruma zeichnen. Aber nur eines nach dem anderen. Das erste, wenn man sich ein persönliches Ziel setzte, das zweite, wenn man es erreicht hatte.

„PERSÖNLICHER ERFOLG IST ES, EIN ZIEL ZU ERREICHEN, DAS SIE MIT SICH SELBST VEREINBART HABEN."

Nachdem Sie mit dem Zielrahmen-Fragebogen ein Ziel, das Sie definiert und mit sich selbst vereinbart haben, schreiben Sie sich Ihren Zielsatz neben dem Daruma-Symbol auf. Das fehlende Daruma-Auge wird Sie dann immer wieder „anzwinkern" und Sie daran erinnern, dass Sie handeln sollten, wenn Sie Ihr Ziel erreichen wollen.

Wenn Sie nun Ihren Zielsatz formulieren, sollten Sie dabei die Regeln der „klar definierten Ziele" aus dem Kapitel „Selbstmotivation & Visualisierung" beachten.

Mein Zielsatz lautet:

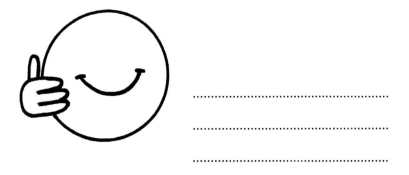

....

....

....

Und damit ist „Kigan-Daruma" nicht nur ein Märchen, sondern auch ein persönlicher Glücksbringer für Sie!

AUSBLICK

DEIN LEBEN SEI WIE EIN GARTEN

„Dein Leben sei wie ein Garten,
mit zarten Knospen, bunten Blumen,
Früchten, die auf die Ernte warten.

Dein Leben sei wie ein Garten,
in dem Vögel ihre Nester bauen
und Menschen sich froh und angenommen fühlen.

Dein Leben sei wie ein Garten,
der Nacht und Schatten kennt
und dennoch an die Sonne glaubt.

Dein Leben sei wie ein Garten,
den du nach deinen Talenten bebaust,
dich selbst und andere Menschen damit erfreust.

Dein Leben sei wie ein Garten,
in dem du Stunden des Glücks und der Liebe genießt
und so ewige Freude erahnst.

Dein Leben sei wie ein Garten,
dessen Früchte aus der Erde kommen
und in den Himmel ragen.

Dein Leben sei wie ein Garten,
der über alle Zäune hinweg
die Weite der Liebe Gottes erkennt."

Christa Carina Kokol

Ich wünsche Ihnen als Gärtner bei der Gestaltung Ihres „Lebensgartens", bei der Ernte „Ihrer Früchte" und Ihres „persönlichen Erfolges" alles Liebe und viel Freude!

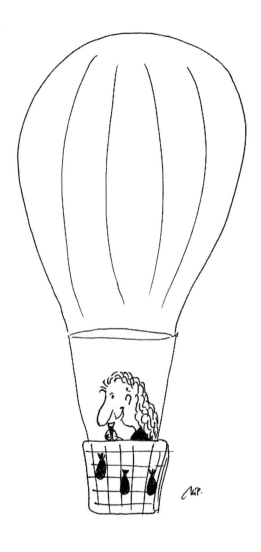

Und ich, nachdem mein „gedrucktes Seminar" nun fertig ist, werde „abheben", um mich selbst dafür mit einer Heißluft-Bal"LOHN"fahrt zu belohnen und um die Welt aus einer anderen Perspektive zu betrachten!

Pro gekauftem Buch wird 1 Euro von der Autorin an folgende Einrichtung gespendet:

CARITAS
Haus Elisabeth

Grabenstraße 43
8010 Graz

Das Haus Elisabeth, eine Einrichtung des Bereiches Basisversorgung für Frauen, ist die einzige Notschlafstelle für Frauen in der Steiermark.

Historisch ist dieses Haus aus der Bahnhofsmission herausgewachsen und war viele Jahre hindurch eine betreute Wohngemeinschaft mit einem Notschlafzimmer. Seit Jänner 2001 ist das Haus Elisabeth eine reine Notschlafstelle für bis zu 20 Personen. Die Erfahrung zeigt, dass sehr viele Frauen (manchmal auch mit ihren Kindern) auf unserer Hilfe angewiesen sind.

Die Frauen, die ins Haus Elisabeth kommen, tragen einen „schweren Rucksack" mit Lebensgeschichten: Wohnungslos, arbeitslos, psychische Krankheiten und Persönlichkeitsstörungen, Suchtkrankheit, wenig bis gar keine sozialen Kontakte. Die Frauen (70% Inländerinnen und 30% Asylwerberinnen und Migrantinnen) brauchen einen Schlafplatz, Begleitung, Unterstützung und ein Auffangnetz.
Ein Team von 3 Betreuerinnen (jeweils halbtags) und 1 Zivildiener sowie rund 30 freiwillige Mitarbeiterinnen kümmern sich um das Wohlergehen der Frauen und Kinder.
Kontakt: CARITAS Haus Elisabeth, Grabenstraße 43, 8010 Graz – T: 0316/672972 bzw. haus.elisabeth@caritas-graz.at Ansprechperson: Frau Daniela Brucher

DANKSAGUNG

In erster Linie bedanke ich mich bei meinem Sohn

Matthias,

der schon in der Schwangerschaft bei den Interviews pränatal anwesend war und mir nach der Geburt durch sein ausgeglichenes Wesen, die Möglichkeit gegeben hat, dieses Buch an dem ich über 5 Jahre lang gearbeitet habe, fertig zu stellen.

Danken möchte ich:

- **Meiner Mutter & Manfred,** für die liebevolle Betreuung meines Sohnes während dieser Tätigkeit.

- **Romana,** meiner „seelischen Mentorin" für die großartige Begleitung in meinen spannendsten Lebensphasen, durch die es mir wesentlich erleichtert wurde, viele Inhalte dieses Buches selbst zu leben. (Nicht immer, aber immer öfter!)

- Organisationsberater **Herrn Dr. Othmar Hill,** der mir den Sprung zur Karriereberaterin ermöglicht hat, indem ich in einem seiner Projekte mitgewirkt habe und fundierte Erfahrungen sammeln durfte, welche ich in diesem Werk einfließen lassen konnte.

- **Gott** für die vielen Lernaufgaben, Möglichkeiten und Chancen, die ich bisher in meinem Leben hatte und **mir selbst,** dass ich diese meistens auch genutzt habe.

- Meinen **Interviewpartnerinnen & Interviewpartnern,** die mir Einblick gegeben haben in ihre Gedankenwelt und Ansichten zu diesem Thema, meinen **Kundinnen & Kunden, Seminarteilnehmerinnen &**

Seminarteilnehmern und **Autorinnen und Autoren der Literaturliste,** die ich zitieren durfte, den **Presseredakteuren** für ihre guten Buchkritiken, den hilfsbereiten **Mitarbeitern des ORF** für ihre Unterstützung, **Andy** für das Korrekturlesen und die hilfreichen Impulse, **Susanna** für ihre grafischen Darstellungen, die zur Verfügungstellung diverser Texte und Anregungen, Loui für einige wertvolle Zitate, **Robert Rothschädl & Claudia Stiplosek der Werbeagentur RoRo+Zec** für ihre Hilfe am Layout, **Günther Radl der Werbeagentur Webline** für seine mühevolle Arbeit am Buchsatz, **allen Sponsoren,** allen die an dieses Buchprojekt geglaubt haben sowie all jenen, denen ich in der aufregenden Zeit vor der Bucherscheinung auf den Geist gegangen bin für ihre Engelsgeduld!

• Frau **Angelika Kresch von der Unternehmensgruppe Remus,** die mich auf eine Heißluftbal"LOHN"fahrt eingeladen hat, welche ich mir ursprünglich selbst als Belohnung für das Erscheinen dieses Buches in Aussicht gestellt habe.

• Ich danke Ihnen, **liebe Leserin, lieber Leser,** für Ihr Verständnis, dass ich auf die weiblichen Redewendungen teilweise verzichtet habe, um eine leichtere Lesbarkeit zu ermöglichen und dass Sie keine Zeit und Kosten gescheut haben, um sich dieses Buch zu Gemüte zu führen, sich auf meine Sichtweisen, Impulse, Anregungen sowie meiner Interviewpartner/innen einzulassen und das Beste für sich herauszuholen!

• Naja und **jenen, die mir Steine in den Weg gelegt haben sei frei nach Erich Kästner gesagt:**
"Auch mit Steinen kann man etwas Schönes bauen! ;-)

Literaturverzeichnis:

Berg Wolfhart, „Runter-Schalten! ", mvg Verlag Landsberg am Lech 1997

Cameron Julia, „Der Weg des Künstlers", Droemersche Verlagsanstalt Th. Knaur Nachf. GmbH & Co. KG München, 2001

Canfield Jack & Hansen Mark Victor./"Hühnersuppe für die Seele" Goldmann Verlag, München 2000

Czar M. Reinhard, „ Sirtaki Souvlaki & Co", Steir. Verlagsgesellschaft, Graz 2002

Dittrich Helmut ,Einsame Spitze", Humboldt München, 1993

Erni Margrit, „Zwischen Angst und Sicherheit", Econ Verlag Düsseldorf 1989

Frau in der Wirtschaft, Wirtschaftskammer Österreich, Zeitschrift 3/01

Freudenberger Herbert/North Gail, „Burn-out bei Frauen", Fischer Frankfurt, 1994

Gruen Arno, „Der Verrat am Selbst", dtv Verlag-KG München, 1986

Grün Anselm, „Selbstwert entwickeln, Ohnmacht meistern"Kreuz Stuttgart, 1995

Grün Anselm, „Dem Alltag eine Seele geben", Herder Freiburg 2003

Höhler Gertud, „ Spielregeln für Sieger" Econ Düsseldorf, 1996

Hernsteiner-Fachzeitschrift für Managemententwicklung, Artikel über „Selbstmanagement" von Günther Gettinger, Dr.Andreas Lukas,Prof.Erich Kirchler,Dr.Katja Meier-Pesti,1/2002 Wirtschaftskammer-Wien

Kanchier Carole, „Mut zum Stellenwechsel", Econ Düsseldorf, 1991

Kokol Christa Carina, „Leben ist wie ein Garten" Veritas Kleinschriften, Linz

Krakowitzer Gerd & Missethon Josef, „Standortsicherung durch Qualitätsmanagement", Kapitel:"Beziehungsqualität als Stabilitätskriterium im Unternehmen"-von Romana Mauthner, Logbuch Dortmund, 1995

Lehner Erich, Artikel „ Frauen-, Männer-, Geschlechterpolitik oder Wer braucht Männerpolitik?"

Lauster Peter, „Lassen Sie der Seele Flügel wachsen" rororo, Reinbeck bei Hamburg 1989

Miller Alice, „Das Drama des begabten Kindes" ;Suhrkamp Frankfurt 1990

Morgan Marlo, „Der Traumfänger",Goldmann München, 1994

Nuber Ursula, „ Die neue Leichtigkeit des Seins. Wege aus dem Alltagsblues" Scherz Verlag Frankfurt/Main 2003

Pease Allan & Barbara, „Warum Männer nicht zuhören und Frauen schlecht einparken können", Econ Ullstein List Verlag, München 2002

Ö1 Radiosendung „ Die Angst vor der Freiheit" Wien,

Rechtschaffen Stephan, „Du hast mehr Zeit als Du denkst",Goldmann München, 1996

Robbins Anthony, „ Das Prinzip des geistigen Erfolgs" Heyne München, 1997

Seiwert Lothar J./Doro Krammer „Endlich Zeit für mich!" MVG Landsberg am Lech, 1998

Schulnachrichten Volksschule St.Veit/Sept.-Dez.2003, Graz

Sprenger K.Reinhard, „Aufstand des Individuums", Campus Verlag Frankfurt, 2000

Watzlawick Paul, „Anleitung zum Unglücklichsein"R.Piper & Co.,München 1983

Wirtz Ursula & Zöbeli Jürg, „ Hunger nach Sinn", Kreuz Verlag

Wunderer Rolf & Dick Petra, „Personalmanagement Quo vadis?"Luchterhand Verlag, München 2002

KARRIERE WERKSTATT®

Margit Picher
Coaching . Beratung . Training
8046 Graz, St .Gotthard Str. 48/4
Tel.: +43/664/231 14 99

Sollten Sie an einem COACHING,
an der Teilnahme an einem ERFOLGSSEMINAR,
einer AUDIT-BERATUNG
oder einem WORKSHOP für Unternehmen
zur professionellen Vereinbarkeit von Beruf & Familie
interessiert sein, finden Sie weitere Infos auf meiner

Homepage: www.karrierewerkstatt.at

ADRESSEN & LINKS

Österreich:

Arbeitsmarktservice Wien
Landstrasse Hauptstr. 55-57
1030 Wien
Tel.: +43/1/87871-0
www.ams.or.at

Berufsinformationszentrum Wien
Neubaugasse 43
1070 Wien
Tel.: +43/1/87871-0

Arbeitsmarktservice Steiermark
Niesenbergergasse 67-69
8020 Graz
+43/316/7080-0

Berufsinformationszentrum Graz
Niesenbergergasse 67-69
8020 Graz
+43/316/7080-9202

Deutschland:

Bundesagentur für Arbeit
Regensburger Str. 104
90478 Nürnberg
www.arbeitsagentur.de

Schweiz:

www.berufsberatung.ch

Diverse Links:

www.famwork.info
www.jova-nova.com
www.systempaedagogik.at
www.frauenmentoring.net
www.familieundberuf.info

Presse-Kommentare:

„Ein Karriere-Ratgeber, der ohne die üblichen Checklisten für den ′schnellen Weg nach oben auskommt′. Wer sich selbst damit coachen will, sollte sich ehrlich mit sich selbst auseinander setzen. Das Buch ist keine Fast-Food-Lektüre, sondern ein bunter Strauß inspirierender Anregungen."

Barbara Mayerl / Format

„Es heißt, um Erfolg zu haben sei lediglich die Kunst, die richtigen Leute auf der richtigen Party zur richtigen Zeit zu treffen. Margit Picher bietet Erfolgssuchenden eine kurzweilige Orientierungshilfe an, wie sie – auch über den Weg der Selbstfindung – die Eingangstür zur Party finden können."

Dr. Walter Müller / Der Standard

„Endlich ein Leitfaden zum Erfolg, der diesen nicht nur nach marktwirtschaftlichen Kriterien definiert. So gesehen fast schon ein rebellisches Buch in Zeiten des fortschreitenden Wirtschaftsliberalismus."

Mag. R. Czar / Nova-Magazin

<u>DIESES BUCHPROJEKT WURDE DURCH FOLGENDE</u> <u>SPONSOREN UNTERSTÜTZT:</u>

AMS-Arbeitsmarktservice-Steiermark, Rogner-Bad-Blumau Hotel & Spa - das Hundertwasser Weltunikat, ELK Fertighaus AG, Werbeagentur RoRo+Zec,

Sollten Sie sich über einige Inhalte dieses Buches geärgert haben:

- behalten Sie das für sich
- reißen Sie diese Seite heraus
- oder kaufen Sie sich ein anderes